JN059895

改訂新版

日本語→中国語

口<ruby>くち</ruby>を鍛える
中国語作文

―― 語順習得メソッド ―― 初級編

平山邦彦　著

コスモピア

本書執筆にあたって （前書にかえて）

　本書は、次の３点をねらいとして執筆しました。

１. 文の構造・語順を理解した上で、中国語の作文を行う。

２. 日本語から中国語へ変換するトレーニングによりスピーキング能力を鍛え、中国語的発想（中国語脳）を習得する。

３. 実用性の高い単語900語程度を600文の中で習得する。

　読者の皆さんの多くが、外国語の授業で「例文を暗記する」「暗記が重要だ」というアドバイスを受けたことがあるのではないでしょうか。実際筆者もそのような方法を実践して、中国語の力を身につけてきたという実感があります。また学生の方々にも、常々暗記の重要性を強調しています。

　どの言語もそうですが、その言語を用いる母語話者は思考方式（言語脳）に違いが存在します。言語というものは、それが顕現されたツールとなります。即ち中国語を覚えていくには、少しずつ中国語脳を作る必要があるわけです。言葉を暗記するということは、中国語脳を作っていく上で、シンプルながら着実な手段と言えます。

　暗記する上でもただ例文のみを丸暗記するだけでなく、その文がどういうルールで成り立っているのかしっかり押さえることで効率の上がることが予想されます。さらには構文を

用いて自分の意思を伝達していくことも可能です。暗記の意味とはその文を理解するだけでなく、覚えた構文を習得し新しい文を生産することができること、そしてその構文を自由に使いこなして自分の意思を伝達していくところにあります。その部分で、言語習得には理論と実践の補強が重要です。

　そして例文そのものが実用性の高いもの、実用性のある単語を身につけられるのに越したことはありません。これらのことから以上**3つの点（①文構造・語順に対する体系的理解、②暗記トレーニングを通した中国語脳の形成、③実用性の高い単語や例文の選定、）**に配慮して制作しました。詳細は《本書コンセプトの紹介》P.9 ～ 21 をご参照下さい。本書が読者の皆さんの中国語運用力向上の一助になることを願っています。

　新版執筆に際し、例文も再チェックを行っています。各課のポイントを押さえつつ、中国語としてより自然な例に仕上げてまいりました。編集にあたりコスモピア株式会社の川田直樹氏にはたいへんご尽力いただきました。ここに深い感謝の意を記させていただきたいと思います。

平山 邦彦

目次

Part 1 中国語で簡単な文が作れるようになろう

Part 2 動作表現に関する
バリエーションを増やそう

Part 3 補語・助詞など やや細かい部分を理解しよう

(7) 「述語 + 目的語」のバリエーション（其の一）

Part 4 中国語特有の構文を理解しよう

本書コンセプトの紹介

1 文の構造・語順を理解した上で、中国語の作文を行う

「文の構造・語順を理解」という中で、**本書では特に語順体系に対する理解を重視しています。語順はどの言語についても重要な内容ですが、中国語においては特に重要な位置づけを占めています。文の配列も、多くは語順体系を理解していただくことに注意を払っています。**具体的な内容は各課の【文法をおさえよう】や【補足メモ】に譲るとして、簡単に中国語の語順的枠組を示しておきます。

枠組① 中国語の基本語順 ⇒本文 PART 1（1） 1～7課

中国語の文構造は、大きく**主語**と**述語**の2つの部分に分けられます。これらは、「説明されるもの」と「説明内容」という関係です。

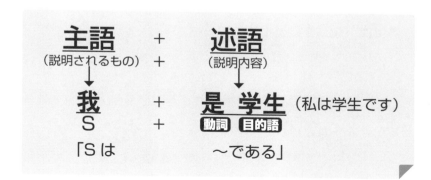

基本的な文では、述語の部分には形容詞もしくは「動詞（＋目的語）」が来ます。これをベースとして、主語、動詞、目的語、「動詞＋目的語」の部分には複雑なパターンが存在します。本書では難易度に基づいて随時紹介しています。

枠組② 名詞の修飾 ⇒本文 PART 1 （3）12 ～ 21 課

　名詞の修飾は前に修飾語を置いて行います。

（其の一）連体修飾① 「〜の…」 ⇒ 12 課

　中国語では、連体修飾（名詞の修飾）の場合、通常 "的" を伴って修飾します。中国語の場合、「〜の」の「〜」部分には様々なものが用いられます。まずは、名詞が入るパターンです。この場合、"的" は日本語の「の」と同じ機能を表します。

> 例〕 **我 的 书**（私の本）、**你 的 名片**（あなたの名刺）
> 　　 名詞　　　　　　　　 名詞

（其の二）連体修飾② 「〜な…」 ⇒ 19 課

　「〜な」の「〜」部分が形容詞の場合があります。

> 例〕 **聪明 的 孩子**（賢い子ども）
> 　　 **很 认真 的 学生**（とてもまじめな学生）
> 　　 形容詞

（其の三）連体修飾④「〜した…」⇒21課

「〜した」の「〜」に当たる部分が動詞や文の場合があります。

例〕 **来 的 人**（来た人）、**我 做 的 菜**（私が作った料理）
　　動詞　　　　　　　　　　　　文

（其の四）量詞の修飾⇒13〜18課

日本語にも「5冊の本」「2枚の写真」のように数を数える際、数の後ろに「冊」「枚」のような言葉を置きます。中国語でもこれらに当たる言葉を用います。

例〕 **五 本 书**（5冊の本）、**两 张 照片**（2枚の写真）
　　　量詞　　　　　　　　　量詞

枠組③ 動詞・形容詞の修飾
⇒本文 PART 2（4）22〜32課、PART 3（10）56〜63課

中国語の動作や状態を修飾する場合も、動詞や形容詞の前に修飾語を置きます。2つほど代表例を示しておきます。

（其の一）副詞⇒23〜25課、56〜58課

例〕 **今天 不 热**（今日は暑くない）
　　　我们 都 是 学生（私も皆学生です）
　　　　　副詞

（其の二）「前置詞＋名詞」⇒26～31課、59～63課

英語と異なり「前置詞＋名詞」の形は動詞や形容詞の前に置かれます。

例〕 **在 食堂** 吃 饭 （食堂でご飯を食べる）

从 纽约 回来 （ニューヨークから帰ってくる）
前置詞 名詞

枠組④　目的語と助動詞⇒本文 PART 2 （6）36 課～ 43 課

述語となる動詞の性格によっては特徴的な目的語のとり方をするものがあります。

（其の一）二重目的語⇒36 課

動詞が「人」「物」という 2 つの目的語をとっています。

例〕 给 **你 一个礼物** （あなたにプレゼントをあげる）

告诉 **你 一个好消息** （あなたによい知らせを教える）
　　人　　　物

（其の二）「助動詞＋動詞 V（目的語 O）」⇒37～42 課

「動詞（＋目的語）」の形式を目的語にとっています。

例〕 **能 去** （行くことができる）

会 说 英语 （英語を話せる）

（其の三）「動詞＋文」⇒ 43 課

文を目的語にとっています。

例〕 欢迎 **您 再 来**（またのお越しを歓迎する）

知道 **他 什么时候 来**（彼がいつ来るか知っている）
【動詞】　　　【目的語】

枠組⑤ 述語のバリエーション ⇒本文 PART 4 (11) 64 ～ 67 課

　中国語の文では、述語が複数の語（動詞＋α）になることがあります。

（其の一）重ね型（同じ動詞を２つ続けた形式）⇒ 65 課

例〕 **想 想**（ちょっと考える）
【動詞】【動詞】

（其の二）「動詞＋結果補語」⇒ 66、67 課

"听" と "懂" をつけ１つの述語として用います。

例〕 **听 懂**（聞いて分かる）
【動詞】【結果補語】

枠組⑥ 「述語＋目的語」のバリエーション
　　　⇒本文 PART 3 (7) 44 ～ 47 課、PART 4 (12) 69 ～ 75 課

　中国語は「動詞＋目的語（名詞）」というベースから、他要素と

結びついて独特の語順になります。この部分は中国語の語順体系を理解する上で困難になるでしょうし、理解できれば中国語の語順に対して、高い理解が得られたと考えられます（詳しい説明は、該当課をご覧ください）。（其の一）（其の二）は「動詞＋目的語（名詞）」が他の成分といっしょに用いられた時の語順的特徴が表れています。（其の三）（其の四）（其の五）は述語が別の動作と結合された際の語順的特徴となります。

（其の一）動量補語⇒44課

> 例〕 借 **一下** 电话 （ちょっと電話を借りる）
>
> 见 他 **一次** （彼に一度会う）
> **動量補語**

（其の二）時量補語⇒45課

> 例〕 学 了 **四年** 汉语 （4年間中国語を学んだ）
>
> 放 **三个月** (的) 暑假 （3カ月夏休みになる）
> **時量補語**

（其の三）連動文⇒46、47課

> 例〕 **打** 车 **去** （タクシーで行く）
>
> **去** **看** 电影 （映画を見に行く）
> **動詞** **動詞**

（其の四）兼語文⇒69〜71課

例〕 **叫**女儿**去 买**东西（娘を買い物に行かせる）

请你**帮忙**（あなたに手伝いをお願いする）
動詞　　動詞

（其の五）方向動詞 "**来**" "**去**" を用いた文⇒72〜75課

例〕 进屋里**来**（部屋に入ってくる）

回家**去**（家に帰る）
方向補語

枠組⑦ その他助詞と疑問文

（其の一）語気助詞⇒本文 PART 3（8）48・49課

　中国語の助詞は2種類あります。その置かれる位置によって分類されています。1つは**語気助詞**です。文末に置かれます。

例〕（得）感冒**了**（風邪を引いた）

放心**吧**（安心して）
語気助詞

（其の二）アスペクト助詞⇒本文 PART 3（9）50～55 課

もう一つは**アスペクト助詞**です。動詞の後に置かれます。該当するのは**"了""着""过"**の 3 種類。

> 例〕得**了**感冒（風邪を引いた）、
>
> 穿**着**一件连衣裙（一着のワンピースを着ている）
> **アスペクト助詞**

（其の三）疑問文の語順
⇒本文 PART 1（2）8～11 課、PART 2（5）33～35

疑問文には、**当否疑問文、反復疑問文、選択疑問文、疑問詞を使った疑問文、の 4 種類**があります。中国語の疑問文は、平叙文と同じ語順になります。英語のように、主語と動詞の位置を変えたりする必要はありません。ですので、平叙文の語順を理解すれば、容易に使いこなすことができるようになります。本書では配列順序も、平叙文の難易度に合わせて適宜紹介しています。

> 例〕您喝咖啡**吗?**（コーヒーを飲みますか）
> **当否疑問文** ⇒ 8 課
> 他**是 不 是**学生?（彼は学生ですか）
> **反復疑問文** ⇒ 9 課
> 你**是**学生**还是**老师?（あなたは学生ですか。
> **選択疑問文** ⇒10 課　　　　それとも先生ですか）
> 你吃**什么?**（あなたは何を食べますか）
> **疑問詞疑問文** ⇒11、33～35 課

　以上、中国語の文法体系について簡単に紹介しました。本文の学習を進めていく中で迷った際、ご参照いただければ幸いです。

2　日本語から中国語へ変換するトレーニングによりスピーキング能力を鍛え、中国語的発想（中国語脳）を習得する。

　英語の学習者から「読み書きはある程度できるが、まったく話すことができません」と聞くことがあります。日本人英語学習者の中には、話すことにコンプレックスを感じている人も多いようです。これは、中国語学習についても同じことが言えます。中国語でも検定試験がいくつかあります。その中で割と高得点をとる学生さんでも、話すことに自信を持っていない人は多く、言わば、知識としては身につけているものの、実践できる能力としてまで鍛え上げられていないことがうかがい知れます。もっと言えば、中国語脳ができ上がっていないのです。

　暗記学習という点については、私自身高校時代の英語学習からやってきた方法です。また大学に入った後の中国語学習でも同じ方法で続けてきました。今考えてみると、地道にこの作業をやっていたことが、会話能力の基礎を形作る上で役立ったことを感じています。特にそれを感じたのは留学に行ってからのことでした。私は大学院修士の終わった後に中国の北京大学に2年間留学していました。この時の留学は、自分自身にとって実は初めての留学であり、初めての中国でした。これまで中国語を専門として6年間学んでお

りある程度の知識は身につけていたつもりでしたが、やはり会話の実践となると、これまで場数を踏んでいたわけではないので多くの不安を持っていました。ですので、生活環境はもちろんのこと、言葉のスピードにどれだけなじめるだろうか、という心配が少なからず存在していました。もちろん細かい部分で困難の生じる部分はありましたが、基本的な会話部分はすらりと口から出てきて、留学当初から会話になじむという点に関しては、思ったほど時間はかからなかったように思います。今振り返ってみても、地道に単語量を増やしていったことと、基本構文を日本語から中国語に反射的に変換できるような反復練習を行った効果が大きかったように思います。また、周りの留学生を見て語学力の上達したように感じられる学生を観察すると、意外にも、毎日机に向かって授業の予習復習をしっかりこなし、例文等をコツコツと暗記していった留学生の方が流暢に会話を展開していたことが、印象に残っています。やはり、暗記学習とは単純ですが、怠ってはいけないですよね。

　日本語脳と中国語脳という点について言えば、これらの違いから見られる間違いはいくつも見ることができます。以下に2点ほど代表的な例を挙げておきます。

＊ の印は文法的に誤りのある文

　例1 私は3回ベトナム料理を食べたことがあります。

　➡ ＊ 我 吃过 越南菜 三次。
　　（我 吃过 三次 越南菜。 44 課 - ④）

　例2 彼は部屋に入ってきました。

　➡ ＊ 他 进来 屋里 了。（他 进 屋里 来 了。 72 課 - ③）

　これらは日本人学習者の誤用例としてもとりあげられ、授業中でも頻繁に見られる例です。

　例1 は「…（O）を～回 V する」という表現です。一番のポイントは、動詞の後ろの語順について、「…を」が先か「～回」という表現が先になるか、という点にあります。中国語の文でも **"见他一次"**（彼に1度会う）のように目的語が前に置かれるパターンも存在しますが、通常は回数の方が前に置かれます（詳細は44課参照）。一方日本人学習者の場合、筆者が以前集めた誤用データを分析してみると、前者のパターン（目的語が先に置かれる）よりも、後者のパターン（回数が先に置かれる）における間違いの方が多いように思います。これは、恐らく英語学習において「～回」に当たる単語 "…times" の置かれる語順（目的語の後ろに置かれる）による影響が大きいのでしょう。

　例2 は、「O（場所）にVしてくる」という表現です。方向動詞 **"来""去"** を用いた表現はO（場所）の後ろに置かれます。一方日本語の語感としては「Vしてくる」「Vしていく」は、1つの動詞と感じられるのではないでしょうか。その感覚からSVOに変換して、例2のような間違いを引き起こしたことは、想像に難くないでしょう。

　このような構文についても、しっかり理屈を押さえ何度も練習を行い、自然に文が発せられるレベルに高めていきましょう。そのプロセスを通して、中国語的な発想が徐々に養われていくこと

になります。

　本書では、文法項目をテーマとして 1 課ずつまとめられています。日本語と中国語が左右対称に 8 つ例示されています。これらの 8 例について日本語文を聴いて中国語文に瞬時に変換できるようなレベルになってもらいたいと思います。75 課全ての例文について頭で考える時間を要さず、反射的に生産できるレベルに達していれば、中国語脳がかなり形作られていると考えられます。

3 単語 900 語程度を 600 例文の中で覚えることができる

　本書では、900 語程度の単語が網羅されています。この単語数は中学校の英語の授業で扱われる単語数にほぼ匹敵しているようです。英語のドリル帳等を見ても、「中学レベルの単語を知っていれば日常の会話に困らない」という記述を見ることができます。実際中国語においても、これだけの単語を知っていれば、かなりのコミュニケーションに活用できることが予想されます。またドリルで取り上げた構文も日常会話等で必要とされる内容の大部分を網羅しています。例文に関しても耳にする会話や、ニュースや新聞等で耳にした記憶をもとに、使用頻度や実用性の高いと思われる単語や表現を積極的に盛り込みました。その中のいくつかを紹介いたします。

○ 選手達はグラウンドで**ウォーミングアップ**をしています。

⇒**选手们在操场上进行赛前热身** (58 課 - 8)

○ 医者は患者に**メタボ**にならないよう、肉をあまり食べない

よう勧めています。

⇒**大夫劝病人少吃肉，以免患了代谢综合症。**

(70 課 - 7)

　本書の例文だけでも反射的に生産できるレベルに達していれば、日本における中国人との会話、或いは中国への旅行等実践の場でかなりの進歩が実感できると思います。

トレーニングの進め方

学習は1課ごとに進めましょう。

ステップ ▶ 1 学習内容と文法をチェック

　タイトル（左ページ上）と【文法をおさえよう】（右ページ上）を見て、学習内容と文の語順・文法を確認します。ここで、どの点が習得すべき事項となるのか大まかな部分を把握します。

ステップ ▶ 2 左ページ日本語文を見て 中国語作文をする

　各課のタイトルとポイントを確認した後に例文に移ります。まず例文一つずつに際し次の作業を行います。

（ⅰ）日本語文を確認。

（ⅱ）自分で文を考えてみる。（もしも思い浮かばなければ、すぐに（ⅲ）の作業に移る）。

（ⅲ）中国語文を確認してみる。

　この時点で、学習者の皆さんご自身の考え付いた文と照らし合わせてみて、正解なのか否かを確認します。間違った部分や思いつかなかった部分があれば【文法をおさえよう】や【補足メモ】の解説を照合しながら理論的に理解を深めていきます。

ステップ ▶ ③ 中国語文を声に出して読む

　まずは、**1～8の文について日本語文と対照しながら中国語文を読んで**いきます。この際 音声を聴き、中国語のリズムを確認しながら読んでいくと、発音やイントネーションが理解しやすくなります。8つの文全てに対して詰まることなく読めるようになったことを確認したら、次の練習に移ります。

ステップ ▶ ④ 音声の日本語文を聴いて反射的に中国語文に変換する

　日本語文を聴いて、反射的に中国語文に変換していく練習を行います。

　間違いや詰まる部分がなくマスターできれば、その課はクリアと考えて結構です。もしも変換できない文があれば、変換できるまで練習をしましょう。

ステップ ▶ ⑤ 音声を聴いてシャドーイングをする

　文を瞬時に変換できるレベルに達した (基本構文が口に染み付いた) 後、仕上げとしてリズムを確認しながら発音します。狙いは、外国人的な発音を強制し、ネイティブらしいイントネーショ

ンを身につけていくことにあります。**文の構造と意味を噛みしめ
ながら、音声の声について読む作業（シャドーイング）を行います。**
耳と口、そして理論（脳）という総合的側面からしっかりとした
理解を固め、ネイティブらしい中国語を身につけていきます。

　以上、学習方法のサンプルを示しておきました。示した事例は、
あくまで筆者の経験と先行研究の成果をもとに紹介させていただ
いた事例になります。単純なプロセスですが、コツコツやってい
くことで、大きな力となることは間違いありません。正に「継続
は力なり」です。
　なお上の学習プロセスについては、特に進度やノルマは設定し
ていません。例えば１課ごとの学習において、１から５を全て１
日で行える人もいるでしょう。暗記できる容量、時間的な制約で
厳しい方もいらっしゃるかもしれません。その場合は分けて行う
形でも結構です。皆様のニーズに合わせた無理のない程度で学習
を行ってください。

［無料］音声ダウンロードの方法

方法1 ストリーミング再生で聞く場合

面倒な手続きなしにストリーミング再生で聞くことができます。

※ストリーミング再生になりますので、通信制限などにご注意ください。
　また、インターネット環境がない状況でのオフライン再生はできません。

このサイトに
アクセスするだけ！ ➡ https://bit.ly/34ui5h2

1 上記サイトにアクセス！
スマホなら QR コード
をスキャン

2 アプリを使う場合は
SoundCloud に
アカウント登録 (無料)

方法2 パソコンで音声ダウンロードする場合

パソコンで mp3 音声をダウンロードして、スマホなどに取り込むこと
も可能です。 (要アプリ)

1 下記のサイトにアクセス

https://www.cosmopier.com/download/4864541589/

音声は PC の一括ダウンロード用圧縮ファイル (ZIP 形式) でのご提供です。解凍し
てお使いください。

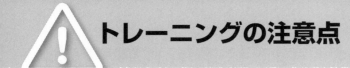

トレーニングの注意点

1 大きな声を出して練習しよう

　本書はペーパーテストの練習ではなく、**スピーキング力を高める**ための本です。ですので、練習を行う際には、大きな声で読んでいくことが大切です。これは語学学習の中で昔から言われてきたことですが、本書でも同様のことを強調させていただきます。**近年は脳研究の立場からも、声を出して練習する場合の脳の働きは、黙読するよりもはるかに脳の働いていることが報告されています。**単純な話ですが、間違いを恐れずに大きな声で読んでいきましょう。

2 リズムを意識しよう

　外国語学習の初級段階では「発音が重要だ」と言われてきたことと思います。正しい発音、きれいな発音というのは重要な要素ではあります。但し、あまり1つ1つの発音に捉われすぎるとかえって構文習得の妨げともなりえます。実際筆者自身も、その点がネックとなっているような学習者を何人も見てまいりました。ヒトの認知構造はある物を**まとまり（チャンク）**として捉える機能が備わっています。よって正しい発音であっても、それがどういうチャンクの中で発せられているのか認識できなければ、その意味が相手にも伝わらなくなります。その点から考えても、流れるリズムという点に

意識するといいでしょう。**単語１つ１つ細切れにならないように、できるだけリズミカルに読んでいきましょう。**単語間の息継ぎにあまり長い時間をかけすぎないようにしましょう。

③ 全ての文を完璧にマスターしよう

　冒頭でもお話しした通り、本書は文法的な体系をしっかり理解し、中国語コミュニケーションで必要とされる基本構文をスムーズに産出できるようになることを目標としています。しっかり文を習得できているか否か、文の一言一句に間違いや詰まった部分があればしっかりチェックし、修正しましょう。

④ 1グループずつ着実に理解して次のステップへ

　本書は語順体系をもとに全 75 課を４つの PART と 12 のグループに分類しています。よって、次のグループにコマを進めていくには、前のグループの語順体系をしっかりマスターしておく必要があります。**必ず各グループの語順体系をしっかりマスターしたかどうかを確認した上で、次のグループにコマを進めてください。**もしも、各グループ内で反射的に中国語変換の行えないグループがあれば、その部分をしっかり補強し、次のステップにはコマを進めないでおきましょう。

本書の構成

1

p.32 ～ 188

〔文の構造図〕
文の構造が一目で把握できるように、なるべく図式で表しています。

---

18 ▶ "这" "那" と量詞の組み合わせ

"这 / 那"(＋数詞)＋〔量詞〕＋〔名詞〕。
「この / あの（ある数の）～」

🔊 Audio ▶ 18

① 私は**その**人を知りません。

② **この**本はなかなかです。

③ 私は**あの 2 足の**靴を買います。

④ 私は**この**歌が好きです。

⑤ **この**道をまっすぐ行くと、駅に着きます。

⑥ 彼女はフリーマーケットで、**この 5 着の**服を買いました。

⑦ あなたは**どれが**欲しいですか。私は**これが**欲しいです。

⑧ あなたが欲しいのは**どの本**ですか。——**あれ**です。

補足メモ
②."不错" は「すばらしい」という意味。
⑤."～就～"「～すると～」という意味の関連副詞。

66

〔音声〕
Audio
01 ～ 75
日本語→中国語
の順番で収録されています。

〔補足メモ〕
例文で説明が必要なものについて、ここで簡単な説明をしています。

〔文法をおさえよう〕
該当番号を明記しています。どの文に当たるのかをしっかりとチェックしましょう。

文法をおさえよう

☆日本語では「この」「あの」の後ろに量詞を入れる必要はないが、中国語では"这""那"の後ろに"个 ge""本 běn""首 shǒu"などの量詞をきちんとつける。

- 「この」⇒"**这本**"……② ○「あの」「その」⇒"**那个**"…… ①
  - ⇒"**这首**"…… ④ ⇒"**那两双**" ③
  - ⇒"**这条**"…… ⑤ ○「どの」 ⇒"**哪本**"…… ⑧
  - ⇒"**这五件**" …⑥

我不认识**那个**人。
Wǒ bú rènshi **nèige** rén.

〔日本語文・中国語文〕
各課、文法の該当箇所は分かりやすく太字にしてあります。

这本书很不错。
Zhèi běn shū hěn bú cuò.

我要**那两双**鞋。
Wǒ yào **nà liǎng shuāng** xié.

我喜欢**这首**歌儿。
Wǒ xǐhuan **zhèi shǒu** gēr.

沿着**这条**路一直走就能到车站。("着"⇒ 53 課)
Yánzhe **zhèi tiáo** lù yìzhí zǒu jiù néng dào chēzhàn. ("能"⇒ 37 課)

她在跳蚤市场上买了**这五件**衣服。("在"⇒ 26 課)
Tā zài tiàozao shìchǎngshang mǎile **zhè wǔ jiàn** yīfu. ("了"⇒ 51・52 課)

你要**哪个**？——我要**这个**。
Nǐ yào **něige**? Wǒ yào **zhèige**.

你要的是**哪本**书？——**那本**。
Nǐ yào de shi **něi běn** shū? **Nèi běn**.

〔⇒○課〕
未習の文法事項の場合、該当課にとべるように表記しています。

　ここでは本文中で使用しているフレーズ（句）を 50 音順に配列してあります。音声を聴いて覚えましょう。このトレーニングをすることで本文の作文がしやすくなります。

● 🔊 Audio ▶ 76　　【あ】

〔音声〕
Audio76 ～ 117
日本語→中国語の
順番で収録されて
います。

□ ああいうやり方	⇒	那样的手段 nèiyàng de shǒuduàn	20-④
□ あいさつをする	⇒	打招呼 dǎ zhāohu	52-⑧
□ 頭は単純だ	⇒	头脑简单 tóunǎo jiǎndān	64-③
□ 頭をかく	⇒	挠头 náo tóu	51-⑧
□ 新しく買う	⇒	新买 xīn mǎi	17-②
□ 扱いにくい	⇒	难对付 nán duìfu	59-④
□ 後にしよう	⇒	以后再办吧 yǐhòu zài bàn ba	19-⑥
□ あなたの頼みを聞く	⇒	答应你的请求 dāying nǐ de qǐngqiú	40-②
□ あなたのと同じだ	⇒	跟你的一样 gēn nǐ de yíyàng	62-①
□ あなたの服	⇒	你的衣服 nǐ de yīfu	12-③
□ あなたの名刺	⇒	你的名片 nǐ de míngpiàn	12-②
□ あなたにニュースを知らせる	⇒	告诉你一个消息 gàosu nǐ yí gè xiāoxi	36-⑤
□ あなたにプレゼントを贈る	⇒	给你礼物 gěi nǐ lǐwù	36-①

190

本文の番号
本文のどの例文
で使用している
のか分かるよう
に番号を表示し
ています。

30

Part

1

中国語で簡単な文が
作れるようになろう

主語＋述語〔形容詞〕。
S ～
「S は～である」

🎧 Audio ▶ **01**

---

① これは**大きい**。

---

② 彼は**まじめ**です。

---

③ あれは**よく**ありません。

---

④ これは**おいしい**ですか。

---

⑤ スイカは**甘く**ありません。

---

⑥ 液晶テレビは少し**高い**です。

---

⑦ あなたは本当に**ばか**だね。

---

⑧ 昨日は**暖か**かったが、今日は**寒い**。

---

①. ②. **"很"** は「とても」という意味の副詞ですが、多くは「とても」という意味を強調せず、音あわせとして使われます。
③. ⑤. 形容詞は **"不"** で否定します

文法 をおさえよう

☆中国語の形容詞には、英語のように be 動詞に当たるものを前に
置かない。

　例：「これは大きい」…… 【英語】　This **is** very big.

　　　　　　…… 【中国語】　这个 × 很　大。… ①

☆肯定文・否定文では形容詞の前に "很 hěn" "不 bù" などの副詞
が必要。疑問文では必要ない。………………………… ④

这个很**大**。
Zhèige hěn **dà**.

他很**认真**。
Tā hěn **rènzhēn**.

那个不**好**。
Nèige bù **hǎo**.

这个**好吃**吗?
Zhèige **hǎochī** ma?

西瓜不**甜**。
Xīguā bù **tián**.

液晶电视有点儿**贵**。
Yèjīng diànshì yǒudiǎnr **guì**.

你真**傻**。
Nǐ zhēn **shǎ**.

昨天**暖和**, 今天**冷**。
Zuótiān **nuǎnhuo**, jīntiān **lěng**.

⑥. **"有点儿"** は「少し〜」と不満を表すことが多くマイナス面で用います。

⑦. **"真"** は「本当に」という意味。

⑧. 「昨日は〜、今日は〜」と対比を表す文脈では、形容詞の前に **"很"** をつける
必要はなくなります。

主語＋述語〔動詞〕(＋目的語)。

「S は O を V する」

🎧 Audio ▶ 02

---

① 彼が**来る**。

---

② 私はご飯を**食べます**。

---

③ 彼はコーヒーを**飲み**ません。

---

④ あなたはコーラを**飲み**ますか。── **飲み**ません。

---

⑤ 私は野球を**し**ます。

---

⑥ 私は李麗**と言い**ます。

---

⑦ 彼女はサッカーを**し**ません。

---

⑧ 私は朝食を**食べ**ませんでした。

---

⑤．「球技をする」という表現の「する」に当たる動詞は、多く "**打**" が使われます。例："**打 网球**"「テニスをする」、"**打 篮球**"「バスケットボールをする」、"**打 乒乓球**"「卓球をする」

☆中国語も英語同様、**SVO** が基本。

☆否定文では「〜しない」という場合、動詞の前に**"不"**をつけ、
「〜しなかった」という場合、動詞の前に**"没 (有)"**をつける。

例： **不** + **喝** ………………… ③④

　　 没(有) + **吃** …………… ⑧

他来。
Tā **lái**.

我吃饭。
Wǒ **chī** fàn.

他不喝咖啡。
Tā bù **hē** kāfēi.

你喝可乐吗？ —— 不喝。
Nǐ **hē** kělè ma?　　　　Bù **hē**.

我打棒球。
Wǒ **dǎ** bàngqiú.

我叫李丽。
Wǒ **jiào** Lǐ Lì.

她不踢足球。
Tā bù **tī** zúqiú.

我没 (有) 吃早饭。
Wǒ méiyou **chī** zǎofàn.

---

⑥. 「名前は〜だ」という意味の**"叫"**は**"不"**でしか否定できません。
　　例：**"我 不 叫 李丽"**「私は李麗と言いません。」

⑦. 「サッカーをする」という表現の「する」に当たる動詞は中国語では**"踢"**「蹴る」
　　が使われます。

3

主語＋述語〔是〕（＋目的語）。
S　　　是　　　　　O
「S は O である」

🎧 Audio ▶ 03

---

① 私はサラリーマン**です**。

---

② 彼女は王晶さん**です**。

---

③ 彼はグルメ**です**。

---

④ あなたたちは大学生**です**か。──**違います**。

---

⑤ あなたのお母さんは、看護師さん**です**か。──**そうです**。

---

⑥ 私たち**も**フリーター**です**。

---

⑦ 私たちは**皆日本人ではありません**。

---

⑧ スタッフ**皆が**専門家**というわけではありません**。

---

④. ⑤. 疑問文への答えは相手に肯定する場合は**"是"**、否定の場合は**"不是"**。
⑤. **"你妈妈"**「あなたのお母さん」の**"的"**の省略については 12 課を参照。

☆ **"是"** は 「～である」。

☆ **"不是"** は 「～でない」。

☆ 〔副詞〕**"都" "也"** の位置は主語の後ろ、**"是"** の前に置く。

例： **都** + 是　　　**也** + 是　………　6

我**是**公司职员。
Wǒ **shì** gōngsī zhíyuán.

她**是**王晶。
Tā **shì** Wáng Jīng.

他**是**美食家。
Tā **shì** měishíjiā.

你们**是**大学生吗？——**不是**。
Nǐmen **shì** dàxuéshēng ma?　　**Bú shì**.

你妈妈**是**护士吗？——**是**。
Nǐ māma **shì** hùshi ma?　　**Shì**.

我们**也是**自由职业者。
Wǒmen **yě shì** zìyóu zhíyèzhě.

我们**都不是**日本人。
Wǒmen **dōu bú shì** Rìběnrén.

工作人员**不都是**专家。
Gōngzuò rényuán **bù dōu shì** zhuānjiā.

---

7. **"都不是 O"** は「すべて O ではない（O は 1 つもない／1 人もいない）」という意味。
8. **"不都是 O"** 「（O もいるが）すべてが O というわけではない」という意味。

4

主語＋述語〔在〕＋目的語 [場所]。
S　　　　在　　　　　　O
「S は O にある /S は O にいる」

🎧 Audio ▶ 04

---

① お父さんは**います**か。――**いません**。

---

② 部長はどこに**います**か。――会議室に**いらっしゃいます**。

---

③ 彼は部屋に**います**。

---

④ トイレは二階に**あります**。

---

⑤ 郵便局は駅のとなりに**あります**。

---

⑥ ネクタイはタンスの中に**あります**。

---

⑦ あれ、財布が机の上に**ありません**。

---

⑧ 私が電話したとき、彼は家に**いません**でした。

補足メモ

②. 日本語と異なり、中国語の場合「部長」や「社長」のように目上の人でも、
代名詞 **"他"** を用いて指すことができます。

☆ "在~" は「～にある」「～にいる」という存在を表す動詞。

☆「[人／物]＋"在"＋［場所］」という語順に注意。

※［場所］は "在" の後ろに置く。

例： 他 ＋ 在 ＋ 会议室里。 ………… ②
　　[人／物]　　　　　［場所］

你爸爸**在**吗？——**不在**。
Nǐ bàba **zài** ma?　　　Bú zài.

部长**在**哪儿？——他**在**会议室里。
Bùzhǎng **zài** nǎr?　　　Tā **zài** huìyìshìli.

他**在**房间里。
Tā **zài** fángjiānli.

厕所**在**二楼。
Cèsuǒ **zài** èr lóu.

邮局**在**车站旁边儿。
Yóujú **zài** chēzhàn pángbiānr.

领带**在**衣柜里。
Lǐngdài **zài** yīguìli.

哎呀，钱包**不在**桌子上。
Āiyā, qiánbāo **bú zài** zhuōzishang.

我打电话的时候，他**不在**家。
Wǒ dǎ diànhuà de shíhou, tā **bú zài** jiā.

⑧．"～**的时候**" は「～したとき」という意味になります。

▶動詞述語文 (述語に動詞がくる文) ④

主語＋述語〔有〕＋目的語。
S　　　　　有　　　　　O
「S は O を持っている /S に O がある」

🎧 **Audio ▸ 05**

① 私はパソコンを**持っています**。

② 彼は携帯電話を**持っていません**。

③ 張さんは自動車を**持っていますか**。――**持っていません**。

④ ペンを**持っていますか**。――**持っています**、どうぞ。

⑤ 冷蔵庫の中にアイスクリームが**あります**。

⑥ 部屋にエアコンが**ない**ので、本当に蒸し暑い。

⑦ デパートに ATM は**ありますか**。――**あります**。

⑧ チャーハンは**ありますか**。――**ありません**。

②. **"有"** の否定は **"没"** もしくは **"没有"**。

☆ "有～" は「～がある」「～がいる」という<u>存在</u>と<u>所有</u>を表す動詞。

☆ 「[場所] ＋ "有" ＋ [人／物]」という語順に注意。

※ [場所] は "有" の前にくる。

例: <u>冰箱里</u> ＋ **有** ＋ <u>冰激凌</u>。 ……… ⑤
    [場所]   [人／物]

我**有**电脑。
Wǒ **yǒu** diànnǎo.

他**没有**手机。
Tā **méiyou** shǒujī.

老张**有**汽车吗？——**没有**。
Lǎo zhāng **yǒu** qìchē ma?　**Méiyou**.

你**有**笔吗？——**有**，给你。
Nǐ **yǒu** bǐ ma?　**yǒu**,　gěi nǐ.

冰箱里**有**冰激凌。
Bīngxiāngli **yǒu** bīngjilíng.

屋里**没有**空调，真闷热。
Wūli **méiyou** kōngtiáo, zhēn mēnrè.

商场里**有**自动取款机吗？——**有**。
Shāngchǎngli **yǒu** zìdòng qǔkuǎnjī ma?　**Yǒu**.

有炒饭吗？——**没有**。
Yǒu chǎofàn ma?　**Méiyou**.

指示代名詞

"这 / 那 / 哪" "这里 / 那里 / 哪里"

「これ」「あれ」「どれ」「ここ」「そこ」「どこ」

🎧 Audio ▶ 06

---

① **これは**何ですか。——これは刺身です。

---

② **あれは**東京ドームです。

---

③ **ここに** 1 冊の雑誌があります。

---

④ あなたは**どこ**の人ですか。——私は東京の人間です。

---

⑤ ほら、**あれ**が富士山です。

---

⑥ **あそこ**に席が2つあります、私たちは座りましょう。

---

⑦ すみません。駅は**どこ**にありますか。——すぐ**そこ**です。

---

⑧ **ここは**人気 (ひとけ) がないので、とても静かです。

補足メモ

③. 量詞 **"本"**「冊」については⇒ 13 課。

⑥. **"咱们"** という場合の「私たち」には、聞き手が必ず含まれます。**"我们"** の場合は聞き手を含んでいても含まなくてもかまいません。

◎「これ・それ」"这" …… 1 ◎「ここ・そこ」"这里 (这儿)" … 3 8
◎「それ・あれ」"那" … 2 5 ◎「そこ・あそこ」"那里 (那儿)" 6 7
◎「どれ」"哪" ◎「どこ」"哪里 (哪儿)" ………… 4 7

※場所を表す表現は "里" と "儿" という2種類の形。

"这里" と "这儿"、"那里" と "那儿"、"哪里" と "哪儿" は、
通常どれも入れ替えて使うことができる。

这是什么？──**这**是生鱼片。
Zhè shì shénme?　**Zhè** shì shēngyúpiàn.

那是东京巨蛋。
Nà shì Dōngjīng Jùdàn.

这里有一**本**杂志。（"本" ⇒ 13 課）
Zhèli yǒu yì běn zázhì.

你是**哪儿**人？──我是东京人。
Nǐ shì **nǎr** rén?　　Wǒ shì Dōngjīngrén.

你看，**那**是富士山。
Nǐ kàn, **nà** shì Fùshìshān.

那里有两个座位，咱们坐吧。
Nàli yǒu liǎng ge zuòwei, zánmen zuò ba.

请问，火车站在**哪儿**？──就在**那儿**。
Qǐngwèn, huǒchēzhàn zài **nǎr**?　　Jiù zài **nàr**.

这里没人，挺安静的。
Zhèli méi rén, tǐng ānjìng de.

8. "**挺~的**" は「とても~」という決まり文句。

7

▶名詞述語文 (述語に名詞がくる文)

<u>主語</u>＋<u>述語〔名詞〕</u>。
S ～
「S は～である」

🎧 Audio ▶ **07**

---

① 今日は火曜日です。

---

② 今日は何曜日ですか。――今日は土曜日です。

---

③ 今何時ですか。――11 時 15 分です。

---

④ 今日は8月 17 日日曜日です。

---

⑤ あなたは何歳ですか。――18 歳です。

---

⑥ 私の誕生日は 1980 年2月 13 日です。

---

⑦ 違います。彼女は 20 歳ではなく、30 歳です。

---

⑧ 今は3時で、2時ではありません。

---

⑤. **"多"** は「どれくらい」という意味です。**"多大年齢"** は直訳すると「ど
れくらいの大きさの年齢ですか」となります。

☆名詞述語文（文の述語部分に名詞がくる文）の代表的なパターン
は以下の3つ。

◎述語が曜日 ……………………………………………… ①②④
◎述語が日時、年月日 ……………………………………… ③④⑥⑧
◎述語が年齢 ……………………………………………… ⑤⑦

今天星期二。
Jīntiān xīngqī'èr.

今天星期几？──今天星期六。
Jīntiān xīngqījǐ?　　　　Jīntiān xīngqīliù.

现在几点钟？──十一点十五分／十一点一刻。
Xiànzài jǐ diǎn zhōng?　shíyī diǎn shíwǔ fēn　shíyī diǎn yí kè.

今天 8 月 17 号星期天。
Jīntiān bā yuè shíqī hào xīngqītiān.

你多大年龄？──我十八岁。
Nǐ duō dà niánlíng?　Wǒ shíbā suì.

我的生日 1980 年 2 月 13 号。("～的..." ⇒ 12 課)
Wǒ de shēngri yī jiǔ bā líng nián èr yuè shísān hào.

不对。她不是二十岁，是三十岁。
Bú duì. Tā bú shì èrshí suì, shì sānshí suì.

现在三点，不是两点。
Xiànzài sān diǎn, bú shì liǎng diǎn.

⑦. ⑧. 否定文の場合は名詞の前に **"是"** が必要になり、**"不是"** となります。
⑦. 「…ではなく…」と対比する場合は、肯定文の場合も名詞の前に **"是"** が必要です。

"～吗?" "～吧?" "～呢?"

「～ですか」「～でしょう」「～なの」

🎧 Audio ▶ **08**

① もしもし、ご主人はいらっしゃいます**か**。

② お先に失礼してもいいです**か**。

③ コーヒーを飲みます**か**。

④ 兄弟はいます**か**。

⑤ え、あなたはこのことを知らない**の**。

⑥ 大丈夫です**か**。

⑦ これはあなたの**でしょう**。もうなくさないでね。

⑧ あなたは行く**の**、行かない**の**。

④. 日本語に引きずられて "**姉妹**" を忘れ "*** 你有兄弟吗 ?**" と言わない
ように注意。
⑥. 日本語に引きずられて "*** 没事儿吗 ?**" と言わないように注意。

☆当否疑問文…文末に語気助詞 **"吗""吧"** などを加え、イエス
　　　　　　 or ノーの答えを求める疑問文。

◎ **"～吗?"** は「～ですか」。 ·························· 1 2 3 4 5

◎ **"～吧?"** は「～でしょう」。 ····························· 6 7

◎ **"～呢?"** は「～なの」。 ································· 8

喂，您先生在**吗**？
Wéi, Nín xiānsheng zài **ma**?

可以先走**吗**？
Kěyǐ xiān zǒu **ma**?

您喝咖啡**吗**？
Nín hē kāfēi **ma**?

你有兄弟姐妹**吗**？
Nǐ yǒu xiōngdì jiěmèi **ma**?

什么，你不知道这件事**吗**？
Shénme, nǐ bùzhīdào zhèi jiàn shì **ma**?

你没事儿**吧**？
Nǐ méi shìr **ba**?

这是你的**吧**？　别再丢了！
Zhè shì nǐ de **ba**?　Bié zài diū le!

你去不去**呢**？
Nǐ qù bu qù **ne**?

---

8. 語気助詞 **"吗"** は反復疑問文（9課）・選択疑問文（10課）・疑問詞疑問文（11
課）といっしょに用いることができません。例 **"* 你去不去吗 ?"** とは言えません。
語気助詞を用いる場合 **"呢"** を用います。⇒9、10、11 課参照。

"～不～ ?" "有没有～ ?"

「～ですか／～がありますか」

🎧 Audio ▶ **09**

---

① 彼は学生**ですか**。

---

② あなたは日本人**ですか**。──そうです。私は日本人です。

---

③ 値段は**高いですか**。──高いです。

---

④ お体の調子は**いいですか**。

---

⑤ デザートを**食べますか**。──食べません。

---

⑥ お茶を**飲みますか**。

---

⑦ この近くに自動販売機は**ありますか**。──あります。

---

⑧ あなたはペンを**持っていますか**。──持っていません。

補足メモ

　①. ②. ③. ④. ⑤. ⑥. 反復疑問文では、**"不"** は軽声になります。
　⑦. ⑧. 反復疑問文では、否定で用いられる動詞 **"有"** は肯定の場合より、
　　軽く読みます。

文法 をおさえよう

☆反復疑問文…"是不是"のように肯定"是"と否定"不是"
を並べ、イエス or ノーの答えを求める疑問文。

以下の3つは代表的なパターン。

◎形容詞を用いる：「A＋"不"＋A」。　　　　A＝形容詞 ……… ③④

◎動詞を用いる：「V＋"不"＋V(O)」。　　　V＝動詞 ……①②⑤⑥

◎動詞"有"を用いる：「"有没有"＋(O)」　　O＝目的語 ……… ⑦⑧

他是不是学生？
Tā shì bu shì xuésheng?

你是不是日本人？——是。 我是日本人。
Nǐ shì bu shì Rìběnrén?　　　Shì.　Wǒ shì Rìběnrén.

价钱贵不贵？——很贵。
Jiàqián guì bu guì?　　Hěn guì.

你身体好不好？
Nǐ shēntǐ hǎo bu hǎo?

你吃不吃甜食呢？——我不吃。
Nǐ chī bu chī tiánshí ne?　　Wǒ bù chī.

你喝不喝茶？
Nǐ hē bu hē chá?

这附近有没有自动售货机？——有。
Zhè fùjìn yǒu méiyou zìdòng shòuhuòjī?　　Yǒu.

你有没有笔？——没有。
Nǐ yǒu méiyou bǐ?　　Méiyou.

⑤. 反復疑問文の文末には、疑問を表す語気助詞 **"呢"** をつけることができます。

▶選択疑問文 (二者択一の疑問文)

"～ 还是 ～ ?"

「～しますか、それとも～しますか」

Audio ▶ **10**

① あなたは学生ですか、**それとも**先生ですか。

② あなたは私を褒めているの、**それとも**けなしているの。

③ 彼はご飯を食べますか、**それとも**パンを食べますか。

④ あなたは行きたいですか、**それとも**留守番したいですか。

⑤ バレーボールが好きですか、**それとも**バドミントンが好きですか。

⑥ これはあなたがやったの、**それとも**彼がやったの。

⑦ あなたが来る、**それとも**私が行く。

⑧ この件は、あなたが責任を持つの**それとも**彼が責任を持つの。

補足メモ
④. **"想"** は「～したい」という意味。⇒ 39 課参照。
⑦. 選択疑問文には文末に疑問を表す語気助詞**"呢"**を加えることができます。

文法 をおさえよう

☆選択疑問文…接続詞 "还是" を用い 2 つ以上の選択枠を提示し、選択させる疑問文。

以下の 2 つは代表的なパターン。

◎「〜」の箇所に動詞を用いる：「V(O) + "还是"+V(O)」

.... 1️⃣2️⃣3️⃣4️⃣5️⃣6️⃣

◎「〜」の箇所に文を用いる：「SV(O) + "还是"+SV(O)」…… 7️⃣8️⃣

你是学生**还是**老师？
Nǐ shì xuésheng **háishì** lǎoshī?

你夸我**还是**骂我？
Nǐ kuā wǒ **háishì** mà wǒ?

他吃米饭**还是**面包？
Tā chī mǐfàn **háishì** miànbāo?

你想去**还是**想留在这儿？
Nǐ xiǎng qù **háishì** xiǎng liúzài zhèr?

你喜欢打排球**还是**喜欢打羽毛球？
Nǐ xǐhuan dǎ páiqiú **háishì** xǐhuan dǎ yǔmáoqiú?

这是你干的，**还是**他干的？
Zhè shì nǐ gàn de, **háishì** tā gàn de?

你来**还是**我去呢？
Nǐ lái **háishì** wǒ qù ne?

这件事，你负责**还是**他负责？
Zhèi jiàn shì, nǐ fùzé **háishì** tā fùzé?

1️⃣.6️⃣. "是" は "还是" のすぐ後に置くことはできません。即ち "*你是学生还是是老师？" のように、"* 是〜，还是 是〜" とは言えません。

11

▶疑問詞疑問文（疑問詞を用いた疑問文）①

疑問詞
"什么" "谁" "哪" "哪儿"
「何」「誰」「どれ」「どこ」

🎧 Audio ▶ 11

① あなたは**何を**食べますか。——私はパンを食べます。

② あなたは**どういう**料理が食べたいですか。——私は日本料理が食べたいです。

③ これは**誰**の財布ですか。——私のです。

④ **誰が**この件を担当しますか。

⑤ あなたは**どれが**欲しいですか。——私はこれが欲しいです。

⑥ あなたは**何**人ですか。——私はアメリカ人です。

⑦ あなたは**どこに**行くの。

⑧ 彼は**どこに**住んでいるの。

③. ⑦. は選択疑問文には文末に疑問を表す語気助詞 **"呢"** を加えることができます。

52

文法 をおさえよう

☆疑問詞疑問文は、聞きたいところを疑問詞に変えるだけ。

例：你吃 <u>面包</u>。　你吃 **什么**？……………… ①

◎「何」"**什么**" ……………… ①　◎「どういう～」"**什么**～" ②
◎「誰」"**谁**" ……………… ③④　◎「どれ」"**哪个**" ……… ⑤
◎「どこ」"**哪里（哪儿）**" … ⑥⑦⑧

你吃**什么**？——我吃面包。
Nǐ chī **shénme**?　Wǒ chī miànbāo.

你想吃**什么**菜？——我想吃日本料理。
Nǐ xiǎng chī **shénme** cài?　Wǒ xiǎng chī Rìběn liàolǐ.

这是**谁**的钱包呢？——我的。（"～的" ⇒ 12 课）
Zhè shì **shéi** de qiánbāo ne?　Wǒ de.

谁负责这件事？
Shéi fùzé zhèi jiàn shì?

你要**哪个**？——我要这个。
Nǐ yào **něige**?　Wǒ yào zhèige.

你是**哪儿**人？——我是美国人。
Nǐ shì **nǎr** rén?　Wǒ shì Měiguórén.

你去**哪儿**呢？
Nǐ qù **nǎr** ne?

他住**哪儿**？
Tā zhù **nǎr**?

▶連体修飾①

〔名詞〕+ "的" + 〔名詞〕
～ …
「～の…」

🎧 Audio ▶ 12

---

① これは私**の**本です。

---

② あなた**の**お名刺をいただけますか。

---

③ あなた**の**服はきれいだね。

---

④ これは誰**の**腕時計ですか。——私**の**です。

---

⑤ こちらは私**の**兄です。

---

⑥ 私**の**妹は今年 20 歳です。

---

⑦ こちらは私**の**友人です。

---

⑧ 私たち**の**会社はそんなに遠くありません。

補定メモ

④. 文脈の中で **"的"** の後ろの名詞が何かわかる場合、**"的"** の後ろの名詞
は省略できます。**"是我的（手表）"**

文法 をおさえよう

☆ **"的"** を用いた連体修飾の語順は日本語と同じ。

"〜**的**…"。 = 「〜の…」

☆ **"的"** は以下のような場合省略できる。

◎家族関係 **"我哥哥"** ………… ⑤ **"我妹妹"** …………… ⑥
◎友人関係 **"我朋友"** ………… ⑦
◎所属関係 **"我们公司"** ……… ⑧

这是我**的**书。
Zhè shì wǒ **de** shū.

能不能给我你**的**名片？ ("能" ⇒ 37 課)
Néng bu neng gěi wǒ nǐ **de** míngpiàn?（"给" ⇒ 36 課）

你**的**衣服很漂亮。
Nǐ **de** yīfu hěn piàoliang.

这是谁**的**手表？——是我**的**。
Zhè shì shéi **de** shǒubiǎo?　Shì wǒ **de**.

这是我哥哥。
Zhè shì wǒ gēge.

我妹妹今年二十岁。
Wǒ mèimei jīnnián èrshí suì.

这是我朋友。
Zhè shì wǒ péngyou.

我们公司不太远。
Wǒmen gōngsī bú tài yuǎn.

---

⑧. **"不太〜"** は「そんなに〜でない」という決まり文句。

"个" "本" "件"
「個」「冊」「着」

🎧 Audio ▶ 13

① 私は姉が 1 **人**と妹が2**人**います。

② 私は中国人の友だちが2**人**います。

③ 今日あなたにメールを送ります。

④ 机の上に本が5 **冊**あります。

⑤ 私は中日辞典を3**冊**持っています。

⑥ 私は昨日服を 1 **着**買いました。

⑦ 彼はワイシャツを 10 **着**持っています。

⑧ 私はいくつか用事があって、出かけなければなりません。

③. "動詞 **V** ＋数詞＋量詞＋名詞" という形式で「数詞」が "**一**" の場合、数詞は省略可能です。　例."**发 一个 电子邮件**"→"**发 个 电子邮件**"
⑧. "**要**" は「しなければならない」という意味。⇒38 課

文法 をおさえよう

☆数詞＋量詞（个／本／件）＋（名詞）の語順

◎ "个"：「個」。 ･･････････････････････････････ 1 2 3
　　　※ "个" は量詞の中で一番幅広く使えます。

◎ "本"：「冊」。本を数える ････････････････････ 4 5

◎ "件"：「着」「件」。衣類、事柄を数える。 ･････ 6 7 8

我有一**个**姐姐和两**个**妹妹。
Wǒ yǒu yí **ge** jiějie hé liǎng **ge** mèimei.

我有两**个**中国朋友。
Wǒ yǒu liǎng **ge** Zhōngguó péngyou.

今天我给你发**个**电子邮件。（"给" ⇒ 30 課）
Jīntiān wǒ gěi nǐ fā **ge** diànzǐ yóujiàn.

桌子上有五**本**书。
Zhuōzishang yǒu wǔ **běn** shū.

我有三**本**中日词典。
Wǒ yǒu sān **běn** Zhōng-Rì cídiǎn.

我昨天买**了**一**件**衣服。（"了" ⇒ 50・52 課）
Wǒ zuótiān mǎi le yí **jiàn** yīfu.

他有十**件**衬衫。
Tā yǒu shí **jiàn** chènshān.

我有几**件**事，要出去。
Wǒ yǒu jǐ **jiàn** shì, yào chūqu.

---

8. **"几"** は「いくつ」という疑問の意味と同様に、「いくつか」という不定の意味
も表します。

"张" "枝" "节" "条"
「枚」「本」「コマ」「匹」

🎧 Audio ▶ 14

① 私たちは写真を2、3**枚**撮りましょう。

② 切手を5**枚**ください。

③ ここに3**台**机があるので、あなたたちちょっと運んでちょうだい。

④ ペンを1**本**貸してください。

⑤ 彼は毎日タバコを10**本**吸います。

⑥ 私は授業が2**コマ**あります。

⑦ ここは一**本**道ですので、迷うことはありません。

⑧ 私は犬を1**匹**飼っています。

補足メモ

④. **"V 给～"** 形で、「～に V してあげる」という意味。
⑦. **"迷路"** は中国語では「道に迷う」という意味。

☆数詞＋量詞（张／枝／节／条）＋（名詞）の語順

◎ **"张"**：「枚」「台」。紙や写真、机類を数える … 1 2 3
◎ **"枝"**：「本」。棒状の細長い物を数える ……………… 4 5
◎ **"节"**：「コマ」。区切りになったものを数える ………… 6
◎ **"条"**：「本」「匹」。太い棒状の物や犬を数える ……… 7 8

我们照两**张**相吧。
Wǒmen zhào liǎng **zhāng** xiàng ba.

给我五**张**邮票。
Gěi wǒ wǔ **zhāng** yóupiào.

这里有三**张**桌子，你们搬**一下**。（"一下" ⇒ 44 課）
Zhèlǐ yǒu sān **zhāng** zhuōzi, nǐmen bān yíxià.

借给我一**枝**笔。
Jiègěi wǒ yì **zhī** bǐ.

他每天抽十**枝**烟。
Tā měitiān chōu shí **zhī** yān.

我有两**节**课。
Wǒ yǒu liǎng **jié** kè.

这里只有一**条**路，<u>不会</u>迷路。（"不会" ⇒ 40 課）
Zhèli zhǐ yǒu yì **tiáo** lù, bú huì mílù.

我养<u>着</u>一**条**狗。（"着" ⇒ 53 課）
Wǒ yǎngzhe yì **tiáo** gǒu.

15

▶量詞③

"辆" "首" "架" "台"
「台」「曲」「台」

🎧 Audio ▶ 15

1 彼は自動車を2**台**持っています。

---

2 ここに3**台**自転車があります。どれがあなたのですか?

---

3 私は歌を1**曲**歌います。皆さん、お聞きください。

---

4 私は最近ピアノを1**台**買いました。

---

5 彼は金持ちで、自家用飛行機を1**台**持っています。

---

6 私は先週パソコンを1**台**買いました。

---

7 私の家にはプラズマテレビが2**台**あります。

---

8 私の部屋は扇風機が1**台**あるだけで、エアコンがありません。

---

3. **"听听"** は「ちょっと聞く」という意味。⇒65 課
6. 「今週」「来週」はそれぞれ、**"这个星期" "下个星期"** と言います。

補足メモ

☆数詞＋量詞（**辆／首／架／台**）＋（名詞）の語順

◎ **"辆"**：「台」。車両を数える ……………………………… 1 2
◎ **"首"**：「曲」。歌を数える ……………………………… 3
◎ **"架"**：「台」。ピアノや飛行機などを数える ……… 4 5
◎ **"台"**：「台」。機械・設備などを数える ……… 6 7 8

他有两**辆**汽车。
Tā yǒu liǎng **liàng** qìchē.

这里有三**辆**自行车，哪个是你的？
Zhèli yǒu sān **liàng** zìxíngchē, něige shì nǐ de?

我唱一**首**歌，请大家听听。
Wǒ chàng yì **shǒu** gē, qǐng dàjiā tīngting.

我最近买了一**架**钢琴。（"了"⇒ 50・52 課）
Wǒ zuìjìn mǎile yí **jià** gāngqín.

他是财主，有一**架**私家飞机。
Tā shì cáizhu, yǒu yí **jià** sījiā fēijī.

我上个星期买了一**台**电脑。
Wǒ shàng ge xīngqī mǎile yì **tái** diànnǎo.

我家有两**台**等离子电视。
Wǒ jiā yǒu liǎng **tái** děnglízǐ diànshì.

我的房间里只有一**台**电扇，没有空调。
Wǒ de fángjiānli zhǐ yǒu yì **tái** diànshàn, méiyou kōngtiáo.

"只" "位" "封" "把"
「匹」「名」「通」「本」

🎧 Audio ▶ 16

---

① 私は猫を 3 **匹**飼っています。

---

② 彼はインコを 1 **羽**飼っています。

---

③ 彼女は**片**手を骨折しています。

---

④ この学校に外国人教師が**お二人**いらっしゃいます。

---

⑤ 現在家にお客さんが数**名**いらっしゃっていて、都合がよくありません。

---

⑥ 私は、今日家に手紙を 1 **通**書きました。

---

⑦ ハサミを 1 **本**よこしてください。

---

⑧ すみませんが、傘を 1 **本**貸してくれませんか。

補足メモ

⑧. "動詞 **V** +**给**～" 形で、「V してあげる」という意味になります。

☆数詞＋量詞（只／位／封／把）＋（名詞）の語順

◎ **"只"**：「匹」「羽」。動物 ……… ①②、ペアの片方を数える … ③

◎ **"位"**：「名」。人を数える〔尊敬の意味がこもる〕………… ④⑤

◎ **"封"**：「通」。手紙を数える ……………………………… ⑥

◎ **"把"**：「本」。柄やとってを持つものを数える …………… ⑦⑧

我养着三**只**猫。("着" ⇒ 53・54 課)
Wǒ yǎngzhe sān **zhī** māo.

他养着一**只**鹦鹉。("着" ⇒ 53・54 課)
Tā yǎngzhe yì **zhī** yīngwǔ.

她一**只**手骨折了。("了" ⇒ 50・51・52 課)
Tā yì **zhī** shǒu gǔzhé le.

这所学校有两**位**外国老师。
Zhèi suǒ xuéxiào yǒu liǎng **wèi** wàiguó lǎoshī.

现在家里有几**位**客人，不方便。
Xiànzài jiāli yǒu jǐ **wèi** kèren, bù fāngbiàn.

我今天给家里写了一**封**信。("给" ⇒ 28・30 課)
Wǒ jīntiān gěi jiāli xiěle yì **fēng** xìn.

给我一**把**剪刀。
Gěi wǒ yì **bǎ** jiǎndāo.

麻烦您，借给我一**把**伞可以吗？
Máfan nín, jiè gěi wǒ yì **bǎ** sǎn kěyǐ ma?

---

⑧. **"～可以吗？"** の形で、「～してもらっていいですか」という意味になります。

▶量詞⑤

"双" "套" "些" "瓶" "杯" "盒"
「足」「着」「いくらか」「本」「杯」「箱」

🎧 Audio ▶ **17**

1️⃣ 私はバーゲンで靴下を7**足**買いました。

2️⃣ 私は最近家具を一**式**新しく買いました。

3️⃣ 私はスーツを1**着**しか持っていません。

4️⃣ 彼女は**いくらか**中国の雑誌を持っています。

5️⃣ 生ビールを2**本**ください。

6️⃣ ここに箸が2**膳**あります。

7️⃣ 私は毎朝コーヒーを2、3**杯**飲みます。

8️⃣ 父はヘビースモーカーで、一日にタバコを1**箱**吸います。

> 8. "動詞 V ＋～＋量詞＋名詞" という表現で、「～」が "一" の場合、数詞は省略できます。**"我爸爸是（一）个烟鬼。"**

補足メモ

☆数詞＋量詞（双／套／些／瓶／杯／盒）＋（名詞）の語順

◎ "双"：「足」。ペアになったものを数える ⋯⋯⋯⋯⋯⋯ ① ⑥
◎ "套"：「式」「着」。セットになったものを数える ⋯⋯⋯ ② ③
◎ "些"：「いくらか」。（用いられる数詞は "一" のみ）⋯⋯ ④
◎ "瓶" "杯" "盒"：「本」「杯」「箱」。名詞を借用した量詞
⋯⋯⋯⋯⋯⋯ ⑤ ⑦ ⑧

我在大甩卖时买了七**双**袜子。
Wǒ zài dà shuǎimài shí mǎile qī **shuāng** wàzi.

我最近新买了一**套**家具。
Wǒ zuìjìn xīn mǎile yí **tào** jiājù.

我只有一**套**西装。
Wǒ zhǐ yǒu yí **tào** xīzhuāng.

她有一**些**中国杂志。
Tā yǒu yì **xiē** Zhōngguó zázhì.

我要两**瓶**生啤酒。
Wǒ yào liǎng **píng** shēng píjiǔ.

这里有两**双**筷子。
Zhèli yǒu liǎng **shuāng** kuàizi.

我每天早上喝两**杯**咖啡。
Wǒ měitiān zǎoshang hē liǎng **bēi** kāfēi.

我爸爸是个烟鬼，一天抽一**盒**烟。
Wǒ bàba shì ge yānguǐ, yì tiān chōu yì **hé** yān.

⑧．"一天 抽 一盒烟"のような "期間＋動詞 V ＋数量" は「ある期間につきある数 V する」という意味の決まり文句です。

"这 / 那" (＋数詞) ＋〔量詞〕＋〔名詞〕。

「この / あの（ある数の）〜」

🎧 Audio ▶ 18

---

① 私は**その**人を知りません。

---

② **この**本はなかなかです。

---

③ 私は**あの 2 足の**靴を買います。

---

④ 私は**この**歌が好きです。

---

⑤ **この**道をまっすぐ行くと、駅に着きます。

---

⑥ 彼女はフリーマーケットで、**この 5 着の**服を買いました。

---

⑦ あなたは**どれが**欲しいですか。私は**これが**欲しいです。

---

⑧ あなたが欲しいのは**どの**本ですか。——**あれ**です。

---

② **"不错"** は「すばらしい」という意味。
⑤. **"〜就〜"** 「〜すると〜」という意味の関連副詞。

☆日本語では「この」「あの」の後ろに量詞を入れる必要はないが、中国語では"这""那"の後ろに"个 ge""本 běn""首 shǒu"などの量詞をきちんとつける。

◎「この」 ⇒ "这本"……… ② ◎「あの」「その」 ⇒ "那个"…… ①
⇒ "这首"……… ④ ⇒ "那两双" ③
⇒ "这条"……… ⑤ ◎「どの」 ⇒ "哪本"…… ⑧
⇒ "这五件" …⑥

我不认识**那个**人。
Wǒ bú rènshi **nèige** rén.

这本书很不错。
Zhèi běn shū hěn bú cuò.

我要**那两双**鞋。
Wǒ yào **nà liǎng shuāng** xié.

我喜欢**这首**歌儿。
Wǒ xǐhuan **zhèi shǒu** gēr.

沿着**这条**路一直走就能到车站。("着"⇒ 53 課)
Yánzhe **zhèi tiáo** lù yìzhí zǒu jiù néng dào chēzhàn. ("能"⇒ 37 課)

她在跳蚤市场上买了**这五件**衣服。("在"⇒ 26 課)
Tā zài tiàozao shìchǎngshang mǎile **zhè wǔ jiàn** yīfu. ("了"⇒ 51·52 課)

你要**哪个**? ——我要**这个**。
Nǐ yào **něige**? Wǒ yào **zhèige**.

你要的是**哪本**书? ——**那本**。
Nǐ yào de shì **něi běn** shū? **Nèi běn.**

19

▶連体修飾②

〔形容詞〕+ "的" +〔名詞〕
～
「～な…」

🎧 Audio ▶ 19

1 彼は**いい人**です。

2 彼女は**白い**ブラウスを着ています。

3 小紅 (シャオホン) は**賢い**子どもです。

4 彼は**とても真面目な**学生です。

5 私は**こんなにおいしい**料理を食べたことがありません。

6 これは**とても難しい**問題なので、後にしよう。

7 **多くの**人が彼の意見に反対です。

8 私は**高いの**はいりません。**安いの**が欲しいです。

⑥. 一音節の形容詞を用いる場合でも、前に **"很"** 等の修飾語があれば形容詞の後ろに **"的"** が必要です。

補足メモ

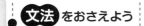
☆形容詞が一音節（漢字一文字）の場合は "**的**" は省略する。

  "**好 人**" ……… ①   "**白 衬衫**" ……… ②

☆ "**多**" を用いる場合は "**很**" をつけ「"**很多**"＋〔名詞〕」にする。

  "**很多 人**" …… ⑦

  ※この場合通常 "**多**" の後ろに "**的**" は用いない。

  （「"**多**"＋〔名詞〕」という表現も不可）。

他是个**好**人。
Tā shì ge **hǎo** rén.

她穿<u>着</u>**白**衬衫。（"着" ⇒ 53 課）
Tā chuānzhe **bái** chènshān.

小红是个**聪明**的孩子。
Xiǎohóng shì ge **cōngmíng** de háizi.

他是个**很认真的**学生。
Tā shì ge **hěn rènzhēn** de xuésheng.

我没吃过**<u>这么</u>好吃的**菜。（"过" ⇒ 55 課）
Wǒ méi chīguo **zhème hǎochī de** cài. （"这么" ⇒ 20 課）

这是个**很难的**问题，以后**再**办吧。（"再" ⇒ 56 課）
Zhè shì ge **hěn nán de** wèntí, yǐhòu zài bàn ba.

很多人反对他的意见。
Hěn duō rén fǎnduì tā de yìjiàn.

我不要**贵的**，要**便宜的**。
Wǒ bú yào **guì de**, yào **piányi de**.

---

⑧.「形容詞＋"**的**"＋名詞」という表現では、文脈から "**的**" の後ろの名詞が分かる場合省略可。

"这样的 / 那样的" "这么 / 那么"

「このような / あのような〜」

🎧 Audio ▶ **20**

---

① **こんな**人、私は知りません。

---

② 私たちの会社は**こういう**人材を欲しています。

---

③ **こういう**同僚、苦手です。

---

④ **ああいう**やり方、私は好きになれません。

---

⑤ **あんな**ばか、放っておきましょう。

---

⑥ 誤解しないでください。私に**そんな**考えはありません。

---

⑦ 私は**こういう**服が **3 着**欲しいのですが。

---

⑧ **あれっぽっちの**お金では、本当に割に合いません。

---

③. **"不好交"** は直訳すると「付き合いづらい」となります。**"不好〜"** は
「〜しづらい」という意味です

☆指示代名詞 "这样""那样""这么""那么"を用いた連体修飾

◎ "这样的 / 那样的～"
　：「このような～」「あのような～」。 ……… ①②④⑤⑥⑦

◎ "这么"(＋数詞)＋〔量詞〕～ / "那么"(＋数詞)＋〔量詞〕～
　：「このような～」「あのような～」 ………………… ③⑧

这样的人，我不认识。
Zhèiyàng de rén, wǒ bú rènshi.

我们公司需要**这样的**人才。
Wǒmen gōngsī xūyào **zhèiyàng de** réncái.

这么个同事，不好交。
Zhème ge tóngshì, bù hǎo jiāo.

那样的手段，我不喜欢。
Nèiyàng de shǒuduàn, wǒ bù xǐhuan.

那样的傻瓜，我们不管。
Nèiyàng de shǎguā, wǒmen bù guǎn.

别误会了，我没有**这样的**想法。
Bié wùhuì le, wǒ méiyou **zhèiyàng de** xiǎngfa.

我要**三件这样的**衣服。
Wǒ yào **sān jiàn zhèiyàng de** yīfu.

那么点儿钱，真不合算。
Nàme diǎnr qián, zhēn bù hésuàn.

▶連体修飾④

〔動詞〕+ "的" +〔名詞〕
~ …

「～した…」

🎧 Audio ▶ 21

① **来た**人は誰ですか。

② **賛成の**人は手を挙げてください。

③ 不況のため、この時期でも**就職活動中の**学生がまだ多くいます。

④ **野球をやっている**人は皆、甲子園に行ける人に憧れています。

⑤ **彼の運転**技術はずば抜けています。

⑥ これは**私が作った**料理です。

⑦ これは**誰がやった**のですか。

⑧ **これを知っている人は**多くありません。

補足メモ

③.**"由于"**は「～のために」という原因を表す接続詞。
③.「不況」は**"经济 不景气"**。

72

☆動作や文は **"的"** の前に置く。

※語順は、英語のように関係代名詞を用いて修飾語を後に置く必要はない。

例： ④「野球をやっている人」

【英語】⇒ people <u>who</u> play baseball

【中国語】⇒ 打 棒球 **的人**

来的人是谁？
Lái de rén shì shéi?

赞成的人请举手。
Zànchéng de rén qǐng jǔshǒu.

由于经济不景气，这个时期还有不少**找工作的**学生。
Yóuyú jīngjì bù jǐngqì, zhèige shíqī háiyou bù shǎo **zhǎo gōngzuò de** xuésheng.

("还" ⇒ 57 课)

打棒球的人都羡慕能去参加甲子园大赛的人。
Dǎ bàngqiú de rén dōu xiànmù néng qù cānjiā Jiǎzǐyuán dàsài de rén.

他开汽车的技术很出色。
Tā kāi qìchē de jìshù hěn chūsè.

这是**我做的菜**。
Zhè shì **wǒ zuò de cài**.

这是**谁干的**？
Zhè shì **shéi gàn de**?

知道这件事的不多。
Zhīdao zhèi jiàn shì de bù duō.

⑦. ⑧. "動詞 **V** ＋**的**＋名詞"の名詞は、文脈から分かる場合、省略可。

Part

2

動作表現に関する
バリエーションを増やそう

主語＋[時間]＋(動詞)

「〜は、いつ…する」

🎧 Audio ▶ 22

① 私は**今日**学校に行きます。

② 試合は**午後5時**に始まります。

③ 彼は**高校時代**バレーボールをやっていました。

④ 私は**毎日朝6時**に起床します。

⑤ 王君は**来月**帰国します。

⑥ **来週**主人は出張に出かけ、不在です。

⑦ **小学生の時**私は野球をやっていました。

⑧ **明日の午前**私は予定がありますので、日を改めましょう。

④.**"毎〜"** は通常主語の後ろに置かれます。

 **文法**をおさえよう

☆動作と、動作が行われる時間の語順は日本語と同じ。以下のように主語と時間の位置は入れ替えが可能。

◎「主語＋〔時間〕＋〔動詞〕。」（時間が主語の後ろ）……①②③④⑤

◎「〔時間〕＋主語＋〔動詞〕。」（時間が主語の前）…………⑥⑦⑧

我**今天**去学校。
Wǒ **jīntiān** qù xuéxiào.

比赛**下午五点**开始。
Bǐsài **xiàwǔ wǔ diǎn** kāishǐ.

他**高中时**打排球。
Tā **gāozhōng shí** dǎ páiqiú.

我**每天早上六点钟**起床。
Wǒ **měitiān zǎoshang liù diǎn zhōng** qǐchuáng.

小王**下个月**回国。
Xiǎo Wáng **xià ge yuè** huíguó.

下星期我先生去出差，不在家里。（"去 ∨" ⇒ 47 課）
Xiàxīngqī wǒ xiānsheng qù chūchāi, bú zài jiāli.

小学时我打过棒球。（"过" ⇒ 55 課）
Xiǎoxué shí wǒ dǎguo bàngqiú.

明天上午我有事，改天**再**谈吧。（"再" ⇒ 56 課）
Míngtiān shàngwǔ wǒ yǒu shì, gǎitiān zài tán ba.

⑧. **"改天再谈吧"** は「日を改めよう」という決まり文句。

"不" "也" "都"
「〜は…しない，〜も / すべて…する」

🎧 Audio ▶ **23**

1 今日は暑く**ない**ので、心地よいです。

2 彼女はアメリカ人では**ありません**。スペイン人です。

3 私はベジタリアンで、肉を食べ**ません**。

4 私**も**学生です。

5 趙君**も**テニス部に所属しています。

6 私たちは**皆**素人なので、よく分かりません。

7 私たちは**皆**パソコンを持っています。

8 机の上は本**だらけ**です。

補足メモ

1. 中国語の場合、天候が「暑い」という場合も **"热"** を用います。
6. **"不太〜"** は「そんなに〜でない」という意味の慣用表現。

☆副詞の位置は動詞の直前。

◎ **"不"**:「〜しない」「〜でない」。 ………………… [1][2][3]

◎ **"也"**:「〜も」。 ……………………………………………… [4][5]

◎ **"都"**:「〜はすべて」………………………………… [6][7][8]

今天**不**热，很舒服。
Jīntiān **bú** rè, hěn shūfu.

她**不**是美国人，是西班牙人。
Tā **bú** shì Měiguórén, shì Xībānyárén.

我是素食主义者，**不**吃肉。
Wǒ shì sùshí zhǔyìzhě, **bù** chī ròu.

我**也**是学生。
Wǒ **yě** shì xuésheng.

小赵**也**属于网球俱乐部。
Xiǎo Zhào **yě** shǔyú wǎngqiú jùlèbù.

我们**都**是外行，不太懂。
Wǒmen **dōu** shì wàiháng, bú tài dǒng.

我们**都**有电脑。
Wǒmen **dōu** yǒu diànnǎo.

桌子上**都**是书。
Zhuōzishang **dōu** shì shū.

"也"＋"不"＋"都"

「～も皆…しない」

🎧 Audio ▶ **24**

---

① 彼らも**皆**留学生です。

---

② 山田君達**も皆**スピーチコンテストに参加します。

---

③ 私**も**この事について知りません。

---

④ 私たち**も**みんなこのような意見には反対です。

---

⑤ 彼らは**皆**インターネットをやってい**ません**。

---

⑥ 彼らはベジタリアンなので、**皆**肉を食べ**ません**。

---

⑦ 私たちが**皆**インターネットをやっている**わけではありません**。

---

⑧ 彼女の言うことが**全て**正しい**わけではありません**が、もっともな部分**もあります**。

---

④. **"种"** は「～種類の」という意味の種類を数える量詞です。
⑧. **"虽然～但是…"** は「～であるが…」という呼応表現。

☆３つの副詞の語順は　　１ "也" ⇒２ "都" ⇒３ "不"

　　　　　もしくは　　１ "也" ⇒２ "不" ⇒３ "都"

◎ "都不～"：「皆が～でない」 ································· 5 6

◎ "不都～"：「皆が～するわけではない」 ················· 7 8

他们**也都**是留学生。
Tāmen **yě dōu** shì liúxuéshēng.

山田他们**也都**参加演讲比赛。
Shāntián tāmen **yě dōu** cānjiā yǎnjiǎng bǐsài.

我**也不**知道这件事。
Wǒ **yě bù** zhīdào zhèi jiàn shì.

我们**也都**反对这种意见。
Wǒmen **yě dōu** fǎnduì zhèi zhǒng yìjiàn.

他们**都不**上网。
Tāmen **dōu bú** shàngwǎng.

他们**都**是素食主义者，**都不**吃肉。
Tāmen **dōu** shì sùshí zhǔyìzhě, **dōu bù** chīròu.

我们**不都**上网。
Wǒmen **bù dōu** shàngwǎng.

虽然她说的**不都**对，但是**也**有有道理的。
Suīrán tā shuō de **bù dōu** duì, dànshì **yě** yǒu yǒu dàoli de.

"都" "一共"

「全て／合わせて」

🎧 Audio ▶ **25**

① 私たちは**全員**中学生です。

② あなたの答えは**全て**間違っています。

③ 私たちの会社には**合わせて** 1500 人の社員がいます。

④ **合わせて** 1200 です。

⑤ 私は**全部で** 3 個買います。

⑥ 私はこれら**全て**いりません。

⑦ 今回の旅行で、あなたは**どういった**ところに行きますか。

⑧ あなたは**どういった**ものを買いますか。

①. **"初中"** は **"初级中学** (chūjí zhōngxué)" の略です。中国語では **"中学"** は中学校と高校を含みます。ちなみに、「高校」は **"高级中学** (gāojí zhōngxué)" (略して **"高中"**) と言います。

◎「S+"都"+V。」（S はすべて V する。）
※ "都"「すべて」がかかるのは S。 …………………………… [1][2][6]

◎「S+"一共"（+V）+数量。」（S は合わせてある数量 V する。）
※ "一共"「合わせて」がかかるのは「数量」。 …………… [3][4][5]

◎「S+"都"+V+"谁 / 什么 / 哪儿"?」
（S は合わせて 誰を / 何を / どこを V しますか。） ………………… [7][8]

我们都是初中生。
Wǒmen **dōu** shì chūzhōngshēng.

你的答案都不对。
Nǐ de dá'àn **dōu** bú duì.

我们公司一共有一千五百个职工。
Wǒmen gōngsī **yígòng** yǒu yìqiān wǔbǎi ge zhígōng.

一共一千二（百）。
Yígòng yìqiān èr bǎi.

我一共买三个。
Wǒ **yígòng** mǎi sān ge.

我这些都不要。
Wǒ zhè xiē **dōu** bú yào.

这次旅行你都去哪儿？
Zhèicì lǚxíng nǐ **dōu** qù nǎr?

你都买什么？
Nǐ **dōu** mǎi shénme?

[4]. 「千」という単語は中国語では "一千" のように "一" が必要となります。

"在〜" "从〜" "到〜"
「〜で / 〜から / 〜まで・〜に」

🎧 Audio ▶ **26**

---

1. 昼休み私は食堂**で**食事をとります。

---

2. 子供は外**で**遊んでいます。

---

3. 劉先生は毎日喫茶店**で**朝食を食べています。

---

4. 私の夫は明日ニューヨーク**から**帰ってきます。

---

5. 彼はさっき私のそば**を**通り過ぎていきました。

---

6. 試合は午後６時**から**始まります。

---

7. どこ**に**行くのですか。──コンビニ**に**行きます。

---

8. 午後３時に私のオフィス**に**ちょっと来てください。

---

④.「中国語で**"先生"**は、「先生」という意味は表しません。日本語に引きずられないよう、注意しましょう。

☆前置詞フレーズは動作の前に置かれる。

主語＋前置詞フレーズ＋動詞

◎ **"在～"**：「～で」。場所を表す。 ……………………… 1 2 3
◎ **"从～"**：「～から」。出発点や起点を表す。 ……… 4 5 6
◎ **"到～"**：「～まで」「～に」。到達点を表す。 ……… 7 8

中午休息我**在**食堂吃饭。
Zhōngwǔ xiūxi wǒ **zài** shítáng chīfàn.

孩子们**在**外边玩儿。
Háizimen **zài** wàibian wánr.

刘老师每天**在**咖啡馆吃早饭。
Liú lǎoshī měitiān **zài** kāfēiguǎn chī zǎofàn.

我先生明天**从**纽约回来。
Wǒ xiānsheng míngtiān **cóng** Niǔyuē huílai.

他刚才**从**我身边走过去了。
Tā gāngcái **cóng** wǒ shēnbiān zǒuguoqu le.

比赛**从**下午六点开始。
Bǐsài **cóng** xiàwǔ liù diǎn kāishǐ.

你**到**哪儿去？——**到**便利店去。
Nǐ **dào** nǎr qù?　　　Dào biànlìdiàn qù.

你下午三点**到**我的办公室来一下。（"一下" ⇒ 44 课）
Nǐ xiàwǔ sāndiǎn **dào** wǒ de bàngōngshì lái yíxià.

---

5. **"走过去"** は「通り過ぎる」という意味。

"从～" "到～" "离～"
「～から / ～まで / ～から」

🎧 Audio ▶ 27

① 夏休みは来週**から**始まります。

② 東京駅**まで**はどう行きますか。

③ 私の家は駅**から**歩いて五分です。

④ デパートはここ**から**遠いです。

⑤ 銀行は駅**から** 500 メートルの距離です。

⑥ 試験**まで**あと3日です。

⑦ ここ**から**郵便局**まで**は近くありません。

⑧ 私の家**から**病院**まで** 1 キロメートルの距離です。

補足メモ

③. **"～分钟"** は「～分間」という意味の決まり文句。

☆前置詞フレーズは動作の前に置かれる。

主語＋<u>前置詞フレーズ</u>＋動詞

◎ **"从～"**：出発点や起点を表す。 ………………………… [1][3]

◎ **"到～"**：終着点を表す。 ………………………………… [2]

◎ **"离～"**：「～から」。距離の長さを表す。 ………… [4][5][6]

◎慣用表現 **"从～到…"**：「～から…まで」………… [7][8]

暑假**从**下星期开始。
Shǔjià **cóng** xiàxīngqī kāishǐ.

到东京站怎么走？（怎么⇒ 33 課）
Dào Dōngjīngzhàn zěnme zǒu?

我家，**从**车站走五分钟。
Wǒ jiā, **cóng** chēzhàn zǒu wǔ fēnzhōng.

百货商店**离**这儿很远。
Bǎihuò shāngdiàn **lí** zhèr hěn yuǎn.

银行**离**车站有五百米。
Yínháng **lí** chēzhàn yǒu wǔbǎi mǐ.

离考试还有三天。
Lí kǎoshì háiyǒu sān tiān.

从这儿**到**邮局不近。
Cóng zhèr **dào** yóujú bú jìn.

从我家**到**医院有一公里。
Cóng wǒ jiā **dào** yīyuàn yǒu yì gōnglǐ.

---

[8]. **"从～到…"** という慣用表現の中では、距離を表す表現として **"从"** を用いる
ことができます。

28 ▶前置詞③

"跟〜" "対〜" "给〜"
「〜に / 〜と」

🎧 Audio ▶ 28

---

1 このことは、私が彼**に**話をします。

---

2 私**に**はっきり説明してください。

---

3 どうするかは、ご家族**と**しっかり相談してください。

---

4 彼女は私**に対して**にっこり笑いかけました。

---

5 この事は、私が彼**に**話しておきます。

---

6 私は日本のアニメ**に**興味があります。

---

7 最近どうして僕**に**冷たいの。

---

8 子供の誕生日、お父さんは彼**に**おもちゃを１つ買ってあげました。

---

③. **"好好儿〜"** は「よく〜する」という意味です。二番目の **"好"** は通常一声で読みます。

文法 をおさえよう

☆日本語の「～に／～と」に対応する前置詞

◎ "跟" "对"　「S+"跟／对"+～+V。」 ···················· ①②④⑤
　　　　　　　（Sは～にVする）
◎ "跟"　「S+"跟"+人+V。」 ································· ③
　　　　　（Sは人とVする）
◎ "对"　「S+"对"+～+…。」 ····························· ⑥⑦
　　　　　（Sは～に対して…だ）
◎ "给"　「S+"给"+～+V。」 ····························· ⑧
　　　　　（Sは～にVする）

这件事，我跟他说。
Zhèi jiàn shì, wǒ **gēn** tā shuō.

你跟我说清楚。
Nǐ **gēn** wǒ shuōqīngchu.

怎么办，你跟家里人好好儿商量商量。
Zěnme bàn, nǐ **gēn** jiālirén hǎohāor shāngliang shāngliang.

她对我笑了笑。（"了" ⇒ 51 課）
Tā **duì** wǒ xiàolexiao.

这件事，我要跟他说好。
Zhèi jiàn shì, wǒ yào **gēn** tā shuōhǎo.

我对日本的动画片很感兴趣。
Wǒ **duì** Rìběn de dònghuàpiàn hěn gǎn xìngqu.

你最近怎么对我这么冷淡？
Nǐ zuìjìn zěnme **duì** wǒ zhème lěngdàn?

孩子过生日时，爸爸给他买了一个玩具。
Háizi guòshēngri shí, bàba **gěi** tā mǎile yí ge wánjù.（"了" ⇒ 52 課）

⑤. "**说好**" は「しっかり話す」という意味の慣用表現。

"跟〜" "和〜"
「〜に / 〜と」

🎧 Audio ▶ **29**

---

① 私**と**いっしょに来てください。

---

② 今日の夜私たち**と**いっしょにご飯を食べませんか。

---

③ どうするか、私は彼**と**話し合ってみます。

---

④ 彼は私**に**冗談を言います。

---

⑤ この件は、私から彼**に**連絡いたします。

---

⑥ 李君**と**王君は共に私の親友です。

---

⑦ 私**と**彼は共にフランス人です。

---

⑧ 私は餃子定食**と**サラダを注文します。

※ **"和"** は前置詞と接続詞の2つの用法を持っています。**"A 和 B 〜"** という形では前置詞の場合「A は B と〜」、接続詞の場合「A と B は〜」という意味になります。なお **"跟"** は通常接続詞の機能を持っていません。

☆日本語の「〜に／と」に対応する前置詞・接続詞

◎前置詞の "跟" "和"　「S+"跟／和"+〜+V。」 ……… ④⑤
　　　　　　　　　　　（S は〜に V する）

◎前置詞の "跟" "和"　「S+"跟／和"+人（+一起）+V。」 … ①②③
　　　　　　　　　　　（S は人と（いっしょに）V する）

◎接続詞の "和"　　　「A"和"B+"都"+V／状態。」 ……………… ⑥⑦
　　　　　　　　　　　（A と B はどちらも V する／〜だ）

◎接続詞の "和"　　　「S＋V＋A"和"B。」 …………………………… ⑧
　　　　　　　　　　　（S は A と B を V する）

你跟／和我一起来吧。
Nǐ **gēn** / **hé** wǒ yìqǐ lái ba.

今天晚上跟／和我们一起吃饭怎么样？
Jīntiān wǎnshang **gēn** / **hé** wǒmen yìqǐ chīfàn zěnmeyàng?
（"怎么样" ⇒ 35 課）

怎么办，我跟／和他商量一下。
Zěnme bàn, wǒ **gēn** / **hé** tā shāngliang yí xià.

他跟／和我开玩笑。
Tā **gēn** / **hé** wǒ kāi wánxiào.

这件事，我跟／和他联系。
Zhèi jiàn shì, wǒ **gēn** / **hé** tā liánxì.

小李和小王都是我的好朋友。
Xiǎo Lǐ **hé** xiǎo Wáng dōu shì wǒ de hǎopéngyou.

我和他都是法国人。
Wǒ **hé** tā dōu shì Fǎguórén.

我要饺子套餐和沙拉。
Wǒ yào jiǎozi tàocān **hé** shālā.

"给~" "往~" "向~" "用~"

「~に / ~へ / ~で」

🎧 Audio ▶ 30

① 結果が出たら、私**に**電話をください。

② 今日の夜私はあなた**に**メールを送ります。

③ まっすぐ行って、右**へ**曲がってください。

④ 入り口が込み合っていますので、中**へ**お進みください。

⑤ ご両親**に**よろしくお伝えください。

⑥ この件に関しては、彼**に**教えてもらいましょう。

⑦ 書類はボールペン**で**お書きください。

⑧ 彼らは日本語が分かりませんので、英語**で**話してください。

補足メモ

①. ②. **"给"** を使う場合、ペアとなる動作は、**"写信"**（手紙を書く）、**"打电话"**（電話をかける）、**"发电子邮件"**（メールを送る）、**"介绍"**（紹介する）、**"买~"**（~を買う）等多くパターン化されています。

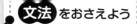
☆日本語の「～に／～へ／～と」に対応する前置詞

◎ **"给"**　　「S+"给"+ 人 +V。」 ……………… ①②
　　　　　　（Sは人にVする）

◎ **"往"**　　「S+"往"+ ～ +V。」 ……………… ③④
　　　　　　（Sは～へVする）

◎ **"向"**　　「S+"向"+ 人 +V。」 ……………… ⑤⑥
　　　　　　（Sは人にVする）

◎ **"用"**　　「S+"用"+ 手段・方法 +V。」 …………… ⑦⑧
　　　　　　（Sは～でVする）

結果出来<u>了</u>，请**给**我打电话。（"了"⇒ 50・51 課）
Jiéguǒ chūlaile, qǐng **gěi** wǒ dǎ diànhuà.

今天晚上我**给**你发电子邮件。
Jīntiān wǎnshang wǒ **gěi** nǐ fā diànzǐ yóujiàn.

一直走，**往**右拐。
Yìzhí zǒu, **wǎng** yòu guǎi.

门口很挤，**往**里走。
Ménkǒu hěn jǐ, **wǎng** lǐ zǒu.

请**向**您父母问好。
Qǐng **xiàng** nín fùmǔ wènhǎo.

这件事，咱们**向**他请教一下吧！
Zhèi jiàn shì, zánmen **xiàng** tā qǐngjiào yí xià ba!

文件，请**用**圆珠笔写。
Wénjiàn, qǐng **yòng** yuánzhūbǐ xiě.

他们不懂日语，请**用**英语说。
Tāmen bù dǒng Rìyǔ, qǐng **yòng** Yīngyǔ shuō.

"对～" "关于～" "通过～" "据～"

「～に / に関して / を通して / によると」

🎧 Audio ▶ **31**

---

1 あなたの彼に対する態度**に**、彼は腹を立てています。

---

2 彼の反応**を**、私は意外に感じています。

---

3 この方面**では**、私はまったくの素人です。

---

4 この件**に関して**、私たちはノーコメントです。

---

5 今回の失敗**を通して**、私は自分の無力さを感じています。

---

6 今回のストライキ**を通して**、会社は社員の待遇を改善しました。

---

7 天気予報**では**、明日は雨が降る見込みです。

---

8 統計**によると**、今年の夏のボーナスは減少傾向にあります。

※ **"对"** は主語の前にも置くことができます（⇒ 28 課 4.6.7）。**"关于" "通过" "据"** は主語の前にしか置くことができません。

☆前置詞フレーズが主語よりも前に置かれるパターン

◎ **"对"** 「"对"+～，S+V。」 .... ①②
(～に対して、SはVする)

◎ **"关于"** 「"关于"+～，S+ 状態。」 .... ③④
(～に関して、SはAだ)

◎ **"通过"** 「"通过"+～，S+V。」 .... ⑤⑥
(～を通して、SはVする)

◎ **"据"** 「"据"+～，S+V。」 .... ⑦⑧
(～によると、SはVする)

你**对**他的态度，他很生气。
Nǐ **duì** de tàidu, tā hěn shēngqì.

对他的反应，我感到意外。
Duì tā de fǎnyìng, wǒ gǎndào yìwài.

关于这个方面，我完全是个外行。
Guānyú zhèige fāngmiàn, wǒ wánquán shì ge wàiháng.

关于这件事，我们无可奉告。
Guānyú zhèi jiàn shì, wǒmen wú kě fènggào.

通过这次失败，我感到自己的无力。
Tōngguò zhècì shībài, wǒ gǎndào zìjǐ de wúlì.

通过这次罢工，公司改善了职工的待遇。
Tōngguò zhècì bàgōng, gōngsī gǎishànle zhígōng de dàiyù.

("了" ⇒ 50・51 課)

据天气预报，明天会下雨。("会" ⇒ 40 課)
Jù tiānqì yùbào, míngtiān huì xiàyǔ.

据统计，今年夏天的奖金有减少的趋势。
Jù tǒngjì, jīnnián xiàtiān de jiǎngjīn yǒu jiǎnshǎo de qūshì.

④. **"无可奉告"**は「ノーコメント」という意味の慣用表現。

"这么 / 那么" +〔動詞/形容詞〕

「こんな / そんな / あんな〜」

🎧 Audio ▶ 32

① 分かりました。**そう**しましょう。

② **そんなこと**を言うなよ。

③ **そんなに**嫌なら、無理強いはしないよ。

④ 彼は**あんなに**意固地なので、人から嫌われています。

⑤ **こんな**高いもの、私は受け取れません。

⑥ **あんな**自分勝手な人、私は嫌です。

⑦ **こんな**無理な要求、断りなさいよ。

⑧ **あんな**いい加減な人、私は絶対に信用できません。

③. **"〜就〜"** は「〜ならば〜」という慣用表現。
③. **"不〜了"** は「〜しないことにする」という慣用表現。

☆指示代名詞 "这么" "那么" を用いた連用修飾

【語順】

◎「"这么～ / 那么～" + 〔動詞〕」‥‥‥‥‥‥ 1️⃣2️⃣3️⃣4️⃣

◎「"这么～ / 那么～" + 〔形容詞〕」‥‥‥‥ 5️⃣6️⃣7️⃣8️⃣

好吧，**这么**办吧！
Hǎo ba, **zhème** bàn ba!

你别**这么**说！
Nǐ bié **zhème** shuō!

这么不喜欢，就不勉强了。
Zhème bù xǐhuan, jiù bù miǎnqiǎng le.

他**那么**固执，别人都不喜欢他。
Tā **nàme** gùzhí, biéren dōu bù xǐhuan tā.

这么贵的东西，我不能接受。
Zhème guì de dōngxi, wǒ bù néng jiēshòu.

那么自私的人，我讨厌。
Nàme zìsī de rén, wǒ tǎoyàn.

这么不合理的要求，你拒绝吧！
Zhème bù hélǐ de yāoqiú, nǐ jùjué ba!

那么马马虎虎的人，我绝对信不过。
Nàme mǎ ma hū hū de rén, wǒ juéduì xìnbuguò.

疑問詞
"怎么" "为什么"
「どうやって、どうして〜するの」

🎧 Audio ▶ 33

① あなたは**どうやって**来たの。

② ああ困った。**どうしたら**いいだろう。

③ お体の具合は**どう**ですか。

④ 割り勘で**どうだい**。

⑤ **どうして**行かないの。

⑥ あなたは**どうして**そんなことを言うの。

⑦ あなたは**なぜ**私を無視するの。

⑧ **なぜ**遅刻したの。理由を話してごらん。

補足メモ

①. **"怎么〜的"**：どうやって〜したのだ
②. **"〜オ〜"**：〜してこそ〜

◎ **"怎么"**：どのように …………………… ①② 　どうして・なぜ …… ⑤⑥
◎ **"为什么"**：どうして・なぜ………… ⑦⑧
◎ **"～怎么样?"**：～はどうですか … ③④
【語順】「どのように」の場合：「S＋**"怎么"**＋動詞 (V)?」
※「**"怎么"**＋S＋動詞 (V)?」は不可。
「どうして・なぜ」の場合：「S＋**"怎么／为什么"**＋動詞 (V)?」
「**"怎么／为什么"**＋S＋動詞 (V)?」

你**怎么**来的？
Nǐ **zěnme** lái de?

哎呀，**怎么**办才好呢？
Āiyā, **zěnme** bàn cái hǎo ne?

你身体**怎么样**？
Nǐ shēntǐ **zěnmeyàng**?

咱们 AA 制**怎么样**？
Zánmen AAzhì **zěnmeyàng**?

你**怎么**不去？
Nǐ **zěnme** bú qù?

你**怎么**这样说？
Nǐ **zěnme** zhèiyàng shuō?

你**为什么**不理我？
Nǐ **wèishénme** bù lǐ wǒ?

为什么迟到了，说说理由吧！
Wèishénme chídàole, shuōshuo lǐyóu ba!

⑤. ⑥. ⑦. ⑧. 文中の**"怎么""为什么"**はそれぞれ**"为什么""怎么"**と入れ替えることも可。

疑問詞

"几" "多少"

「いくつの / どれくらいの」

🎧 Audio ▶ 34

① 合わせて**何**人いますか。

② あなたは**何**冊本を持っていますか。——3冊です。

③ あなたは**何**曜日お休みですか。——木曜日です。

④ 今日は**何**月**何**日ですか。

⑤ 今**何**時ですか。——午後2時です。

⑥ あなたは**何**冊本を持っていますか。——15冊です。

⑦ あなたは**何**着服を持っていますか。——30着です。

⑧ 合わせて**いくら**ですか。——1000円です。

⑤.「2時」という場合「2」は**"两"**を用います。
⑧. **"多少钱"**は「いくら」という意味の慣用表現。

☆ **"几"**：① 1桁の数を尋ねる 1 2
② 決まった範囲の中にある数 4 5
③ 単語の一部に用いられる 3
【語順】名詞を修飾する場合 **"几"** の後ろは量詞が必要。..... 1 2

☆ **"多少"**：10 以上の数を尋ねるのに用いる。
【語順】 **"多少"** は直接名詞を修飾できる。 6 7 8

一共有**几**个人？
Yígòng yǒu **jǐ** ge rén?

你有**几**本书？——三本书。
Nǐ yǒu **jǐ** běn shū?　　　Sān běn shū.

你星期**几**休息？——星期四。
Nǐ xīngqī**jǐ** xiūxi?　　　Xīngqīsì.

今天**几**月**几**号？
Jīntiān **jǐ** yuè **jǐ** hào?

现在**几**点钟？——下午两点。
Xiànzài **jǐ** diǎnzhōng?　　Xiàwǔ liǎng diǎn.

你有**多少**(本)书？——十五本书。
Nǐ yǒu **duōshao** (běn) shū?　　Shíwǔ běn shū.

你有**多少**(件)衣服？——三十件。
Nǐ yǒu **duōshao** (jiàn) yīfu?　　Sānshí jiàn.

一共**多少**钱？——一千日元。
Yígòng **duōshao** qián?　　Yìqiān Rìyuán.

疑問詞

"怎么" "怎么样" "多"

「どういう〜ですか」「どのくらいの〜ですか」

🎧 Audio ▶ 35

---

① 彼は**どんな**人ですか。

---

② あなたは**どういう**考えですか。

---

③ 彼ら2人は**どういう**関係ですか。

---

④ ネットショッピングの支払は**どういう**手順になっていますか。

---

⑤ これは一体**どういう**ことですか。

---

⑥ 身長は**どれくらい**ですか。——1メートル64センチです。

---

⑦ 体重は**何**キロですか。——65キロです。

---

⑧ ここから駅まで**どれくらい**の距離ですか。——1キロです。

補足メモ

⑥.「〜メートル〜十〜センチ」という場合、中国語では"〜**米**〜〜"という言い方をします。

文法 をおさえよう

☆疑問詞 "怎么样／怎么" を用いた連体修飾
「どういう〜ですか」
　◎ "怎么样的〜" ………………………………………… [1][3]
　◎ "怎么"（+数詞）+量詞〜 ……………………………… [2][4][5]

☆疑問詞 "多" を用いた連体修飾
「どれくらいの〜ですか」
　◎ "(有)多"+形容詞 …………………………………… [6][7][8]

他是**怎么样的**人？
Tā shì **zěnmeyàng de** rén?

你是**怎么个**想法？
Nǐ shì **zěnme ge** xiǎngfa?

他们俩是**怎么样的**关系？
Tāmen liǎ shì **zěnmeyàng de** guānxi?

网上购买付款是**怎么个**流程？
Wǎngshang gòumǎi fùkuǎn shì **zěnme ge** liúchéng?

这到底是**怎么回**事？
Zhè dàodǐ shì **zěnme huí** shì.

你(有)**多**高？——一米六四。
Nǐ (yǒu) **duō** gāo?　　Yì mǐ liù sì.

你(有)**多**重？——(有)六十五公斤。
Nǐ (yǒu) **duō** zhòng?　　(Yǒu) liùshíwǔ gōngjīn.

从这儿到火车站**多**远？——(有)一公里。
Cóng zhèr dào huǒchēzhàn **duō** yuǎn?　(Yǒu) yì gōnglǐ.

[6]. [7]. [8]. **"多〜"** で「高さ」「長さ」等を尋ねる場合、用いられる形容詞は通常ポジティブな意味を持つ単語が用いられます。例えば **"* 多矮" "* 多轻" "* 多近"** のように言うことはできません。

"给" "找" "告诉" "问" "教" "借"

🎧 Audio ▶ 36

① 私はあなたにプレゼントを**贈ります**。

② 私にあなたの名刺を**ください**。

③ 私は彼に1着のセーターを**プレゼントします**。

④ あなたに200円**おつりをお渡しします**。

⑤ 私はあなたによいニュースを1つ**お知らせします**。

⑥ 私はあなたに1つ**質問させてもらいます**。

⑦ 李先生は私たちに経済学を**教えていらっしゃいます**。

⑧ 私に100円**貸して**くれませんか。

⑧. **"能不能～"** は「～してくれませんか」という意味の慣用表現。
⑧. **"V给"** は「～してあげる」という意味の慣用表現。

主語＋述語〔動詞〕＋目的語1＋目的語2
　S　　V　　　　　～（人）　…（物）

「Sは～に…をVする」

◎ **"给"**：「あげる」… ①②③
◎ **"找"**：「お釣りをやる」…④
◎ **"告诉"**：「～に言う」……⑤

◎ **"问"**：「尋ねる」……⑥
◎ **"教"**：「教える」……⑦
◎ **"借给"**：「貸す」……⑧

我**给**你一个礼物。
Wǒ **gěi** nǐ yí ge lǐwù.

（请）**给**我你的名片。
(Qǐng) **gěi** wǒ nǐ de míngpiàn.

我**给**他一件毛衣。
Wǒ **gěi** tā yí jiàn máoyī.

找你二百日元。
Zhǎo nǐ èrbǎi Rìyuán.

我**告诉**你一个好消息。
Wǒ **gàosu** nǐ yí ge hǎo xiāoxi.

我**问**你一个问题。
Wǒ **wèn** nǐ yí ge wèntí.

李老师**教**我们经济学。
Lǐ lǎoshī **jiāo** wǒmen jīngjìxué.

能不能**借给**我一百日元？
Néng bu néng **jiègěi** wǒ yìbǎi Rìyuán?

"能" "可以" "会"

「～できる」

🎧 Audio ▶ 37

1 私の携帯電話は、インターネットが**できません**。

2 明日は空いているので、時間を割くことが**できます**。

3 お疲れ様、帰って**いいです**よ。

4 明日は用事があって、行け**ません**。

5 ここで飲食**できます**か。——ここは飲食**禁止**です。

6 私は英語が話**せます**。

7 私は泳げ**ません**。

8 彼は賢くて、1日に 50 個の単語を覚えることが**できます**。

8. 「ある数量 V できる」という場合は**"能"**を用います。**"会"**は用いられません。

文法をおさえよう

◎ **"能"**：1 備わった能力…………[1][8]　2 事情が許す………[4]
　　　（1・2共に否定は**"不能"**[1][4]）

◎ **"可以"**：1 事情が許す………[2]　2 許可して………[3][5]
　　　（1・2共に否定は**"不能"**[5]）

◎ **"会"**：習得した技能として…[6][7]
　　　（否定は**"不会"**[7]）

我的手机**不能**上网。
Wǒ de shǒujī **bùnéng** shàngwǎng.

明天没有事，**可以**抽出时间。
Míngtiān méiyou shì, **kěyǐ** chōuchū shíjiān.

辛苦了，你**可以**走了。
Xīnkǔ le, nǐ **kěyǐ** zǒu le.

明天有事，**不能**去。
Míngtiān yǒu shì, **bù néng** qù.

这里**可以**吃东西吗？——这里**不能**吃东西。
Zhèli **kěyǐ** chī dōngxi ma?　　Zhèli **bù néng** chī dōngxi.

我**会**说英语。
Wǒ **huì** shuō Yīngyǔ.

我**不会**游泳。
Wǒ **bú huì** yóuyǒng.

他挺聪明，一天**能**背五十个词。
Tā tǐng cōngming, yìtiān **néng** bèi wǔshí ge cí.

38

▶義務の助動詞

"要" "应该"
「〜しなければならない／〜すべきだ」

🎧 Audio ▶ 38

---

① この事は、彼に話**すべき**だよ。

---

② 子供は親の言うことを聞く**ものだ**。

---

③ 悪いことをしたら、謝る**べき**だ。

---

④ そんなことを言う**べき**じゃないよ。

---

⑤ 仕事が残っているので、今日残業**しなければなりません**。

---

⑥ 電球が切れちゃったので、取り替えな**くちゃ**。

---

⑦ ここは人手が足りているから、手伝う**必要はありません**。

---

⑧ 嘘をつく**な**。本当のことを言い**なさい**。

---

②. **"听"** は「聞く」と同様に、「いう通りにする」という意味にも使われます。

◎ **"应该"**：一般的理屈から言って「〜すべきだ」 …… 1 2 3 4
◎ **"要"**：必要性から「〜しなければならない」 ………… 5 6
◎ **"不用"**：「〜しなくてよい」 ……………………………… 7
◎ **"不要"**：「〜してはいけない」 …………………………… 8

这件事，你**应该**告诉他。
Zhèi jiàn shì, nǐ **yīnggāi** gàosu tā.

孩子**应该**听家长的话。
Háizi **yīnggāi** tīng jiāzhǎng de huà.

做了坏事，就**应该**道歉。
Zuòle huàishì, jiù **yīnggāi** dàoqiàn.

你不**应该**这样说。
Nǐ bù **yīnggāi** zhèiyàng shuō.

还有工作，今天**要**加班。
Hái yǒu gōngzuò, jīntiān **yào** jiābān.

灯泡坏了，**要**换一换。（"了"⇒ 48 課）
Dēngpào huài le, **yào** huàn yi huan.（"V–V"⇒ 65 課）

这里人手够了，你**不用**帮忙。
Zhèli rénshǒu gòu le, nǐ **bú yòng** bāng máng.

不要撒谎，**要**说真话。
Bú yào sāhuǎng, **yào** shuō zhēn huà.

8. **"不要〜，要〜"** は「〜せずに〜しなさい」という意味の慣用表現。

"想" "要"
「〜したい」

🎧 Audio ▶ 39

① 疲れたので、私はちょっと休み**たい**です。

② 夕食は、何を食べ**たい**ですか。——私はラーメンを食べ**たい**
です。

③ 私たちといっしょに行き**たい**ですか。

④ 私はヨーロッパ旅行にとても行き**たい**です。

⑤ あなたはどれを買い**たい**ですか。——私はこれを買い**たい**です。

⑥ まだ食べ**たい**ですか。——**食べたくありません**。／とても食
べ**たい**です。

⑦ 私はもう少し休み**たい**です。

⑧ お茶を飲み**たい**ですか。——ありがとうございます、結構です。

⑥. ⑦. 「さらに」という意味の副詞 **"还"** は助動詞の前、同様の意味 **"再"**
は助動詞の後ろに置かれます。（⇒ 56・57 課）

◎ **"想""要"**：「〜したい」 …………………… 1️⃣2️⃣3️⃣4️⃣5️⃣6️⃣7️⃣8️⃣

◎ **"不想"** ：「〜したくない」 …………………………… 6️⃣

※ **"＊不要"** は不可。

◎ **"很想"** ：「とても〜したい」

※ **"＊很要"** は不可。**"要"** の前に程度を表す副詞をつけることはできない。 ……………………………………… 4️⃣

我累<u>了</u>，**想 / 要**休息一下。（"了" ⇒ 50 課）
Wǒ lèi le, **xiǎng/yào** xiūxi yí xià.

晚饭，你**要**吃什么？——我**要**吃拉面。
Wǎnfàn, nǐ **yào** chī shénme?　　Wǒ **yào** chī lāmiàn.

你**想**跟我们一起去吗？
Nǐ **xiǎng** gēn wǒmen yìqǐ qù ma?

我很**想**去欧洲旅行。
Wǒ hěn **xiǎng** qù Ōuzhōu lǚxíng.

你**想**买哪个？——我**想**买这个。
Nǐ **xiǎng** mǎi něi ge?　　Wǒ **xiǎng** mǎi zhèige.

你还**要**吃吗？——我不**想**吃。/ 我很**想**吃。
Nǐ hái **yào** chī ma?　　Wǒ bù **xiǎng** chī. /Wǒ hěn **xiǎng** chī.

我还**想**休息<u>一下</u>。/我**想**再休息<u>一下</u>。（"一下"⇒44 課）
Wǒ hái **xiǎng** xiūxi yí xià. /wǒ **xiǎng** zài xiūxi yí xià.

你**要不要**喝茶？——谢谢，**不要**。
Nǐ **yào bu yao** hē chá?　　Xièxie, bú **yào**.

▶推量の助動詞

"会" "应该"
「～だろう」

🎧 Audio ▶ **40**

---

① 彼は来る**だろう**か。──来**ないでしょう**。

---

② あなたの頼みだったら、彼はきっと聞いてくれる**でしょう**。

---

③ 彼のレベルでは、合格する見込みは**ないでしょう**。

---

④ この様子では、雨が降る**かもしれません**ね。

---

⑤ 道路は渋滞なので、恐らく遅れる**かもしれません**。

---

⑥ 問題ない**でしょう**。

---

⑦ 時間的に見ると、彼は**そろそろ**到着している**ころ**だ。

---

⑧ こんなこと、彼にも分かる**でしょう**。──そんな**はずない**ですよ。彼は常識が欠けています。

補足メモ

④. ⑤. **"会"** は推量を表す語 **"可能" "恐怕"** 等の後ろにつけて **"～会"** の形でよく用いられます。

◎ "会～（的）。" ◎ "应该～（吧）。"：
　　推量「～だろう」。 ……………………… 1️⃣2️⃣3️⃣4️⃣5️⃣6️⃣7️⃣8️⃣

◎ "不会"：「～なはずはない」「～しないだろう」
　　　　※ "*不应该" は不可。 …………………… 1️⃣3️⃣8️⃣

他**会**来吗？——**不会**。
Tā **huì** lái ma?　　　**Bú huì**.

- -

你的请求，他**会**答应的。
Nǐ de qǐngqiú, tā **huì** dāying de.

- -

看他的水平，**不会**及格的。
Kàn tā de shuǐpíng, **bú huì** jígé de.

- -

看样子，可能**会**下雨。
Kàn yàngzi, kěnéng **huì** xiàyǔ.

- -

路上堵车，恐怕**会**晚点。
Lùshang dǔchē, kǒngpà **huì** wǎndiǎn.

- -

应该没问题吧。
Yīnggāi méi wèntí ba.

- -

看现在的时间，他**应该**到了。
Kàn xiànzài de shíjiān, tā **yīnggāi** dào le.

- -

这样的事情，他也**应该**懂吧。——**不会**。他缺乏常识。
Zhèiyàng de shìqing, tā yě **yīnggāi** dǒng ba. **Bú huì**.　Tā quēfá chángshí.

5️⃣. **"恐怕"** は通常起こってほしくない事態と共に用いられます。

"別" "不要"

「〜するな」

🎧 Audio ▶ **41**

---

① もういい、もういい、もう泣く**な**。

---

② 走り回ら**ないで**、おとなしくしなさい。

---

③ 図書館で飲食を**しないように**。

---

④ 教室はテスト中です。みなさん廊下で騒が**ないように**。

---

⑤ 私をからか**わないで**。じゃないと、怒るよ。

---

⑥ ここはゴミ捨て場ではありません。ゴミをみだりに捨て**ないように**。

---

⑦ ここは喫煙**禁止です**。

---

⑧ 危険なので、触っては**いけません**。

---

①. **"別 / 不要〜了"** は現在行っている動作をやめるように言う時に使います。

②. 形容詞の命令文は **"形容詞 + (一) 点儿"** の形で用いられます。

◎ **"不要" "别"**：「〜するな」 …………………… 1️⃣2️⃣3️⃣4️⃣5️⃣6️⃣

◎ **"禁止"**：「〜することを禁止する」 ……………… 7️⃣

◎ **"不许"**：「〜してはいけない」 …………………… 8️⃣

※前置詞フレーズと用いる時：助動詞は前置詞の前 ……… 3️⃣4️⃣5️⃣

算了，算了，**别**再哭了。
Suàn le, suàn le, **bié** zài kū le.

不要乱跑，老实点儿。
Bú yào luàn pǎo, lǎoshi diǎnr.

不要在图书馆吃东西。
Bú yào zài túshūguǎn chī dōngxi.

教室里考试呢，大家**不要**在走廊里吵。("呢"⇒ 49 課)
Jiàoshìli kǎoshì ne, dàjiā **bú yào** zài zǒulángli chǎo.

别跟我开玩笑。不然，我会生气的。
Bié gēn wǒ kāi wánxiào. Bùrán, wǒ huì shēngqì de.

这儿不是垃圾场，**别**乱扔垃圾。
Zhèr bú shì lājīchǎng, **bié** luàn rēng lājī.

这里**禁止**吸烟。
Zhèli **jìnzhǐ** xīyān.

危险，**不许**动。
Wēixiǎn, **bù xǔ** dòng.

5️⃣. **"不然"** は「さもなくば」という意味の接続詞。
8️⃣. **"动"** は「触れる」という意味の動詞。

"敢" "肯" "值得"
「する勇気がある / 進んで～する」

🎧 Audio ▶ 42

---

① あなた一人で行く**勇気があります**か。——**ありません**。

---

② こんなこと、私は**とても**信じられ**ません**。

---

③ 何考えているの。こんなことやれるわけがないでしょう。

---

④ 彼はお人よしで、いつも**進んで**おせっかいを焼こうとします。

---

⑤ 彼は努力家で、いつも困難な道を選択**しようとします**。

---

⑥ 今の若者は理想が高いのに、努力するのを**嫌がっています**。

---

⑦ この問題は、しっかり議論してみる**価値があります**。

---

⑧ こんなこと、取り上げる**価値もないよ**。

---

④. **"管闲事"** は「世話を焼く」という意味の慣用表現。

116

◎ **"敢"**:「～する勇気がある」 ································· [1][2][3]
 （否定は **"不敢"** [1][2]）

◎ **"肯"**:「進んで～する」 ································· [4][5][6]
 （否定は **"不肯"** [5][6]）

◎ **"值得"**:「～するに値する」 ································· [7]
 （否定は **"不值得""不值"** [8]）

你**敢**一个人去吗？——**不敢**。
Nǐ **gǎn** yí ge rén qù ma? **Bù gǎn**.

这样的事，我**不敢**相信。
Zhèiyàng de shì, wǒ **bù gǎn** xiāngxìn.

你想什么呢？ 这样的事怎么**敢**做呢？
Nǐ xiǎng shénme ne? Zhèiyàng de shì zěnme **gǎn** zuò ne?

他是个老实人，总是**肯**管别人的闲事。
Tā shì ge lǎoshírén, zǒngshì **kěn** guǎn biéren de xiánshì.

他非常努力，总是**肯**选择困难的路。
Tā fēicháng nǔlì, zǒngshì **kěn** xuǎnzé kùnnan de lù.

现在的年轻人要求很高，可又**不肯**努力。
Xiànzài de niánqīngrén yāoqiú hěn gāo, kě yòu **bù kěn** nǔlì.

这个问题**值得**认真讨论。
Zhèi ge wèntí **zhíde** rènzhēn tǎolùn.

这么点儿事，**不值**一提。
Zhème diǎnr shì, **bù zhí** yì tí.

[8]. **"不值一提"** は「取り上げる価値もない」という意味の慣用表現。

"欢迎" "知道" "希望"
「〜するのを知っている / 希望する」

🎧 Audio ▶ 43

---

① またのお越しを**歓迎いたします**。

---

② あなたは彼がいつ来るか**知っていますか**。——**知っています**。

---

③ 私はあなたにも参加**してほしい**と思っています。

---

④ 私は、今大会で彼らの高校が勝つと**思っています**。

---

⑤ あなたはどう**思います**か。——私は問題ないと**思います**。

---

⑥ 私は彼がなぜこんなことを言うのか本当に**分かり**ません。

---

⑦ 皆さん、誰がこの件に責任を持つのか**話し合って**みてください。

---

⑧ 私は今回の件は望みがない**と思います**。

---

②. **"什么时候"** は「いつ」という意味の疑問代名詞です。
④. 中国語で**"高校"**(gāoxiào) は大学レベルの学校(総合大学・単科大学・大学校 等)の総称として用いられます。

主語＋述語〔動詞〕＋目的語〔文〕
　S　　　　V　　　　　　O

◎ "欢迎"：「歓迎する」 … ①　　◎ "知道"：「知っている」… ②

◎ "希望"：「希望する」 … ③　　◎ "想"：「思う」…………… ④

◎ "觉得"：「感じる」…… ⑤　　◎ "明白"：「分かる」……… ⑥

◎ "讨论"：「議論する」 … ⑦　　◎ "认为"：「思う」………… ⑧

欢迎您再来。
Huānyíng nín zài lái.

你**知道**他什么时候来吗？——**知道**。
Nǐ zhīdao tā shénme shíhou lái ma?　　Zhīdao.

我**希望**你也能参加。
Wǒ xīwàng nǐ yě néng cānjiā.

我**想**这次比赛他们高中会赢。
Wǒ xiǎng zhèicì bǐsài tāmen gāozhōng huì yíng.

你**觉得**怎么样？——我**觉得**没有问题。
Nǐ juéde zěnmeyàng?　　Wǒ juéde méiyou wèntí.

我真不**明白**他为什么这么说。
Wǒ zhēn bù míngbai tā wèishénme zhème shuō.

请大家**讨论**一下谁负责这件事。
Qǐng dàjiā tǎolùn yíxià shéi fùzé zhèi jiàn shì.

我**认为**这次没有希望。
Wǒ rènwéi zhèicì méiyou xīwàng.

Part

3

補語・助詞など やや細かい部分を 理解しよう

▶動量補語（動作の回数を数える補語）を用いた文

主語＋述語＋〔数＋量詞〕（＋目的語）。
S　　　V　　動作の量や回数　　　（O）
「S はある動作量 / 回数（O を）V する」

🎧 Audio ▶ **44**

---

1 私は**少し**休みます。

---

2 もう**一度**言ってください。

---

3 シンガポールには**一度**行ったことがあります。

---

4 私は**3 回**ベトナム料理を食べたことがあります。

---

5 **ちょっと**電話をお借りしていいですか。

---

6 私は**一度**イタリアに行ってきました。

---

7 私は彼に**一度**会ったことがあります。

---

8 ここで私たちを**ちょっと**待っていてくれますか。

補足メモ

2. **"遍"** は「始めから終わりまで一通り」というニュアンスが加わります。

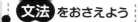

文法 をおさえよう

☆動詞 V＋回数：「[動作の量や回数] V する。」 …………… ①②③

☆目的語と [動作の量や回数] がいっしょに現れる場合
　【基本的な語順】＝目的語が代名詞以外
　　「動詞 V ＋ [動作の量や回数] ＋目的語 O」…………… ④⑤⑥
　【例外的な語順】＝目的語が代名詞
　　「動詞 V ＋目的語 O ＋ [動作の量や回数]」………… ⑦⑧

我休息**一下**。
Wǒ xiūxi **yíxià**.

请再说**一遍**。
Qǐng zài shuō **yí biàn**.

新加坡，我去过**一次**。
Xīnjiāpō, wǒ qùguo **yí cì**.

我吃过**三次**越南菜。
Wǒ chīguo **sān cì** Yuènáncài.

可以借**一下**电话吗？
Kěyǐ jiè **yíxià** diànhuà ma?

我去过**一趟**意大利。/ 我去过意大利**一趟**。
Wǒ qùguo **yí tàng** Yìdàlì. /Wǒ qùguo Yìdàlì **yí tàng**.

我见过他**一次**。
Wǒ jiànguo tā **yí cì**.

你在这儿等我们**一会儿**可以吗？
Nǐ zài zhèr děng wǒmen **yíhuìr** kěyǐ ma?

45 ▶時量補語（動作の継続時間を示す補語）を用いた文

主語＋述語＋〔継続時間〕（＋目的語）。
S　　　V　　　　　　　　　　（O）
「S はある継続時間（O を）V する」

🎧 Audio ▶ 45

---

① 私はこの会社で **10 年間**仕事をしています。

---

② 私は中国語を **4 年間**学びました。

---

③ 私は中国語を **4 年間**学んだところです。

---

④ 日本の大学は **3 カ月間**夏休みです。

---

⑤ あなたは一日**何時間**寝ますか。――**7 時間**寝ます。

---

⑥ 私は彼を**しばらく**待ったのですが、結局連絡はありませんでした。

---

⑦ 子供が迷子になって、**1 時間あまり**探してやっと見つかりました。

---

⑧ 私は**ここ 2、3 日**家に帰っていません。

---

②. ③. "V 了＋数量" と "V 了＋数量＋了" の違いは 52 課参照。

☆目的語と [継続時間] がいっしょに現れる場合

【基本的な語順】= 目的語が代名詞以外

「動詞 V +[継続時間]+目的語 O」 ············· ②③④⑤

【例外的な語順】= 目的語が代名詞

「動詞 V +目的語 O +[継続時間]」 ·················· ⑥

☆「期間+ "没 (有)"+動詞 V」：ある期間 V していない。 ····· ⑧

我在这个公司工作了**十年**了。
Wǒ zài zhèige gōngsī gōngzuòle **shí nián** le.

我学了**四年**汉语。
Wǒ xuéle **sì nián** Hànyǔ.

我学了**四年**汉语了。
Wǒ xuéle **sì nián** Hànyǔ le.

日本的大学放**三个月** (的) 暑假。
Rìběn de dàxué fàng **sān ge yuè** (de) shǔjià.

你一天睡**几个小时** (的) 觉？——**七个小时**。
Nǐ yì tiān shuì **jǐ ge xiǎoshí** (de) jiào?　　**Qī ge xiǎoshí**.

我等了他**半天**，结果没有联系。
Wǒ děngle tā **bàntiān**, jiéguǒ méiyou liánxì.

孩子迷了路，找了**一个多小时**才找到。
Háizi míle lù, zhǎole **yí ge duō xiǎoshí** cái zhǎodào.

我**这两天**没回家。
Wǒ **zhè liǎng tiān** méi huí jiā.

⑦. **"才～"** は「やっと～する」という慣用表現。通常、語気助詞 (文末) の **"了"** は **"才"** といっしょに用いません。

主語＋動作1「手段」＋動作2「目的」。

S ～ …

「S は～で…する」

🎧 Audio ▶ 46

---

1 私は毎日**歩いて**学校に行っています。

---

2 彼女は**笑いながら**、「秘密」と言いました。

---

3 私は**自転車で**学校に行きます。

---

4 **日本語で**話してください。

---

5 面接結果は**メールで**お知らせします。

---

6 時間がないので、**タクシーで**行きます。

---

7 彼は**野球で**飯を食っています。

---

8 この問題は**お金で**解決できることではありません。

補足メモ

8. 連動文を否定する場合、否定の語句は最初の動作の前に置かれます。「**"不能"** ＋ **"花钱～"**」

☆連動文…1つの文に動詞または動詞句が2つ以上ある文。主語を
文頭に置き、先に起こった動作から順番に並べられる。

例 ①　　走着 ＋ 去
　　　　歩いて　　行く
　　　〔動作1〕〔動作2〕

我每天**走着**去学校。
Wǒ měitiān **zǒuzhe** qù xuéxiào.

她**笑着**说："秘密"。
Tā **xiàozhe** shuō: "Mìmì".

我**骑自行车**去学校。
Wǒ **qí zìxíngchē** qù xuéxiào.

请**用日语**说。
Qǐng **yòng Rìyǔ** shuō.

面试结果我**发电子邮件**通知你。
Miànshì jiéguǒ wǒ **fā diànzǐ yóujiàn** tōngzhī nǐ.

没有时间，我**打车**去。
Méiyou shíjiān, wǒ **dǎchē** qù.

他靠**打棒球**生活。
Tā kào **dǎ bàngqiú** shēnghuó.

这个问题不能**花钱**来解决。
Zhèige wèntí bù néng **huā qián** lái jiějué.

⑧. 動作1と動作2の間には**"来"**を挿入し、「動作1＋**"来"**＋動作2」という
形で用いられることも多くあります。この場合**"来"**は「手段・方式」を表します。

47

主語＋"来 / 去"＋動作
S　　　　　　V（O）

「S は V（O）しに来る / 行く」

🎧 Audio ▶ 47

① 私は映画を見**に行きます**。

② 今日の夜、私はあなたを訪ね**に行きます**。

③ 私は公園に散歩し**に行きます**。

④ あなたは何し**に来た**の。

⑤ 彼は学会で日本**に来ました**。

⑥ 現在多くの中国人が旅行で日本**に来ています**。

⑦ 私は買い物**に行きます**。

⑧ 私はスーパーに買い物**に行きます**。

⑦. 後者 **"我买东西去。"** の語順では **"去"** は軽声になります。

☆ **"来 / 去"** を使った連動文の基本語順

◎ **"来 / 去"** の位置は動詞の前。

◎ 「動詞 V ＋目的語 O ＋ **"去"** 」の形のみ、 **"去"** を後におくことが可能。 ……………………………………………………………… ⑦

我**去**看电影。
Wǒ **qù** kàn diànyǐng.

今天晚上我**去**找你。
Jīntiān wǎnshang wǒ **qù** zhǎo nǐ.

我**去**公园散散步。
Wǒ **qù** gōngyuán sànsan bù.

你**来**干什么呢？
Nǐ **lái** gàn shénme ne?

他**来**日本参加学术会。
Tā **lái** Rìběn cānjiā xuéshùhuì.

现在很多中国人**来**日本旅游。
Xiànzài hěn duō Zhōngguórén **lái** Rìběn lǚyóu.

我**去**买东西。/ 我买东西**去**。
Wǒ **qù** mǎi dōngxi. /Wǒ mǎi dōngxi **qu**.

我**去**超市买东西。
Wǒ **qù** chāoshì mǎi dōngxi.

⑧. **"去"** が目的語をとる形式 **"去～"** は、VO の後に置くことはできません。よって **"VO 去～"** ということはできません（例 **"* 买东西去超市"**）。

48

▶語気助詞① "了"

主語 + 動作 + "了"。
S　　　V
「S は V した／V することになった」

🎧 Audio ▶ 48

---

① 私は風邪をひきました**た**。

---

② 私はお腹がすきました**た**。何か食べ物はありますか。

---

③ 陳先生はいらっしゃいますか。――彼はすでに帰宅されました**た**よ。

---

④ 彼はまだ食事をし**ていません**。

---

⑤ 社長は出勤され**ていますか**。――**まだです**。

---

⑥ 今日の会議は中止**になりました**。

---

⑦ 今日は気分が乗らないので、行かない**ことにします**。

---

⑧ 私はここ数年上海に行っ**ていません**。

---

⑤. "動詞 **V** ＋目的語 **O** ＋**了**"の反復疑問文 (この場合の"**了**"は実現を表す) という表現は "動詞 **V** ＋目的語 **O** ＋**了**＋**没有 ?**" となります。

文法をおさえよう

☆実現や状況の変化を表す "了"

◎ "了" の位置は文末。 ･･････････････････････････ 123678

◎ "了" の用法：①実現（〜した）･･･････････････････ 123

②状況の変化（〜することになった）･･･････ 678

☆否定文：動詞の前に "没（有）" を置く。 ･･･････････ 45

※この場合実現の "了" はいっしょに用いることができない。

"＊没吃饭了" → "没吃饭"

我（得）感冒**了**。

Wǒ (dé) gǎnmào **le**.

我饿**了**。 有什么吃的吗？

Wǒ è **le**.　　Yǒu shénme chī de ma?

陈老师在吗？——他已经回家**了**。

Chén lǎoshī zài ma?　　Tā yǐjīng huíjiā **le**.

他还**没**（**有**）吃饭。

Tā hái **méi(you)** chīfàn.

总经理上班**了没有**？——还**没有**。

Zǒngjīnglǐ shàngbān **le méiyou**?　　Hái **méiyou**.

今天的会**不**开**了**。

Jīntiān de huì bù kāi **le**.

我今天情绪不好，**不**去**了**。

Wǒ jīntiān qíngxù bù hǎo, bú qù **le**.

我这几年**不**去上海**了**。

Wǒ zhè jǐ nián **bú** qù Shànghǎi **le**.

49

▶語気助詞② "吧" "呢"

主語 + 動作 + "吧 / 呢"。
S　　　V

「V しなさい/しましょう/しているのです」

🎧 Audio ▶ 49

1 早く行き**なさい**。でないと遅刻するよ。

2 安心**して**。このことは絶対に誰にも言わないから。

3 そろそろです。行き**ましょう**。

4 分かりました。じゃあ、そうし**ましょう**。

5 あなたは趙君です**よね**。

6 あなたは何を考えている**んだい**。

7 あなたは行きたい**の**、行きたくない**の**。

8 大声で話さないで。赤ちゃんが寝ている**のです**。

補足メモ

3. **"差不多"** は「そろそろだ」という意味の慣用表現。

☆基本的な語気助詞の用法

◎ "吧"：①命令（～しなさい） [1][2] ②提案（～しましょう）… [3]
③意志（～しよう） ……[4] ④推量（～でしょう）…… [5]

◎ "呢"：①疑問（～なの） ………………………… [6][7]
②進行（～しているのです） …………… [8]

快走**吧**。不然会迟到的。
Kuài zǒu **ba**. Bùrán huì chídào de.

放心**吧**。这件事绝不跟别人说。
Fàngxīn **ba**. Zhèi jiàn shì jué bù gēn biéren shuō.

差不多了。 咱们走**吧**。
Chàbuduō le.　　Zánmen zǒu **ba**.

好的，那就这样**吧**。
Hǎo de, nà jiù zhèiyàng **ba**.

你是小赵**吧**？
Nǐ shì Xiǎo Zhào **ba**?

你想什么**呢**？
Nǐ xiǎng shénme **ne**?

你想不想去**呢**？
Nǐ xiǎng bu xiǎng qù **ne**?

别大声说话，婴儿睡觉**呢**。
Bié dàshēng shuōhuà, yīng'ér shuìjiào **ne**.

[6]. [7]. **"呢"** は疑問詞疑問文、反復疑問文、選択疑問文、といっしょに用いることができます。

50

▶実現を表す "了" ①

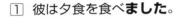

主語＋〔動詞〕＋ "了" (＋目的語)。
S　　　V　　　　　　　　(O)
「Sは (Oを) Vした)」

🎧 Audio ▶ 50

---

① 彼は夕食を食べ**ました**。

---

② 私は風邪をひい**て**、食欲がありません。

---

③ 部屋は掃除しまし**た**か。――まだしていません。

---

④ 飛行機は故障のため、定刻通り離陸できません。

---

⑤ ちょっと待ってください。まだ準備ができ**ていません**。

---

⑥ 趙君は来ま**したか**。――まだ来**ていません**。

---

⑦ 今日の朝刊見**た**。――見**てない**けど、どうしたの。

---

⑧ 彼は目的地にたどり着け**たのでしょうか**。

---

⑥. ⑦. ⑧. **"V 了 O"**形式の反復疑問文は**"V 了 O ＋没有？"**となります。

補足メモ

☆アスペクト助詞（動詞の後に用いられる助詞）"了"を使った形式

※平叙文では「動詞＋"了"＋目的語」のみだと文が後に続く感じとなり、言い切りにはできないため後ろに文を続ける必要がある。 ·· ②④

☆否定文では動詞の前に "没（有）" を付ける。

※否定では "了" を使うことはできない。 ································ ⑤

他吃晚饭了。
Tā chī wǎnfàn **le**.

我得了感冒，没有胃口。
Wǒ dé**le** gǎnmào, **méiyou** wèikǒu.

房间打扫了吗？——还没有。
Fángjiān dǎsǎo**le** ma?　　　Hái **méiyou**.

飞机出了事儿，不能按时起飞。
Fēijī chū**le** shìr, bù néng ànshí qǐfēi.

等一会儿，我还没做好准备呢。
Děng yíhuìr, wǒ hái **méi** zuòhǎo zhǔnbèi ne.

小赵来了没有？——还没有。
Xiǎo Zhào lái**le méiyou**?　　　Hái **méiyou**.

你看了今天的晨报没有？——没有，怎么了？
Nǐ kàn**le** jīntiān de chénbào **méiyou**?　　　**Méiyou**, zěnme le?

他到了目的地没有？
Tā dào**le** mùdìdì **méiyou**?

⑦. **"怎么了"** は「どうしたの」という意味の慣用表現。

51

 ▶実現を表す "了" ②

主語＋〔動詞〕＋ "了"（＋目的語）。
S　　　V　　　　　　　　（O）
「S は（O を）V した）」

🎧 Audio ▶ 51

---

① 私は刺身を食べ**て**お腹を下しました。

---

② すみません。私は用事ができ**た**ので、キャンセルしました。

---

③ 私は出勤し**て**タイムカードを打ちました。

---

④ 彼は毎晩お風呂に入っ**た**らすぐに就寝します。

---

⑤ 私は起床し**た**らシャワーを浴びます。

---

⑥ ご飯を食べ**て**から行きましょう。

---

⑦ 私は机の上の落書きを消し**て**、教科書を開きました。

---

⑧ 彼は頭をかき**ながら**、苦しい言い訳をしました。

---

⑦. ⑧. **"真" "V 了 V"** については 65 課 7.8 を参照。

① 「動詞 V +"了"+目的語 O, "就" +～」
　　: O を V して (その流れで) ～ ………………………… ①②③
　　: O を V したら (すぐに) ～ ………………………… ④⑤
② 「動詞 V +"了"+目的語 O +"再"+～」
　　: O を V してから～………………………………………… ⑥
③ 「動詞 V +"了"+動詞 V +目的語 O, ～」
　　: O をちょっと V して～した ………………………… ⑦⑧

我吃了生鱼片就拉肚子了。
Wǒ chīle shēngyúpiàn jiù lā dùzi le.

对不起，我有了点儿事，就取消了。
Duìbuqǐ, wǒ yǒule diǎnr shì, jiù qǔxiāo le.

我上了班就刷了计时卡。
Wǒ shàngle bān jiù shuāle jìshíkǎ.

他每天洗了澡就睡觉。
Tā měitiān xǐle zǎo jiù shuìjiào.

我起了床就去洗淋浴。
Wǒ qǐle chuáng jiù qù xǐ línyù.

吃了饭再走吧。
Chīle fàn zài zǒu ba.

我擦了擦桌上的乱涂乱写的字画，打开了课本。
Wǒ cāle cā zhuōshang de luàn tú luàn xiě de zìhuà, dǎkāile kèběn.

("V 了 V" ⇒ 65 課)

他挠了挠头，作出了没有说服力的辩解。
Tā náole náo tóu, zuòchū le méiyǒu shuōfúlì de biànjiě.

52

▶実現を表す "了" ③

主語＋〔動詞〕＋ "了"（＋目的語）。
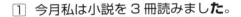

S　　V　　　　　　　(O)

「S は（O を）V した）」

🎧 Audio ▶ 52

---

1 今月私は小説を 3 冊読みまし**た**。

---

2 今月私は小説を 3 冊読んだ**ところ**で、あと 1 冊読むつもりです。

---

3 今日の仕事は半分しかやっていないので、残業しないといけません。

---

4 私は最近ずっと忙しくて、昨晩も 3 時間しか寝ていません。

---

5 あなたもう 3 杯**目**だよ。ほどほどにしたら。

---

6 私は大学でスペイン語を 2 年間勉強しまし**た**が、一言もしゃべれません。

---

7 昨日私たちはイタリアンレストランでディナーを食べまし**た**。

---

8 私は先ほど廊下で陳先生に挨拶しまし**た**。

5.　**"适可而止"** は「適当なところでやめる」という意味の慣用表現。

138

☆「動詞 V +"了"+目的語 O」で文を言い切りにできる形式
　①目的語に数量を伴う時

　　「動詞 V +"了"+数量」：ある数量〜した
　　（動作の継続は含まない→結果報告）　………………………… ①④⑥

　　「動詞 V +"了"+数量+"了"」：ある数量〜したところだ
　　（動作は継続予定→経過報告）　………………………………… ②③⑤

　②動詞の前に長い修飾語が置かれる時　………………………… ⑦⑧

这个月我看了三本小说。
Zhèige yuè wǒ kànle sān běn xiǎoshuō.

这个月我看了三本小说了，还要看一本。
Zhèige yuè wǒ kànle sān běn xiǎoshuō le, hái yào kàn yì běn.

今天的工作只做了一半儿了，要加班了。
Jīntiān de gōngzuò zhǐ zuòle yíbànr le, yào jiābān le.

我最近一直忙，昨天晚上也只睡了三个小时。
Wǒ zuìjìn yìzhí máng, zuótiān wǎnshang yě zhǐ shuìle sān ge xiǎoshí.

你都吃了三碗了，适可而止吧。
Nǐ dōu chīle sān wǎn le, shì kě ér zhǐ ba.

我在大学学了两年西班牙语，可一句也不会说。
Wǒ zài dàxué xuéle liǎng nián Xībānyáyǔ, kě yí jù yě bú huì shuō.

昨天我们在意大利餐厅吃了晚餐。
Zuótiān wǒmen zài Yìdàlì cāntīng chīle wǎncān.

我刚才在走廊里跟陈老师打了个招呼。
Wǒ gāngcái zài zǒulángli gēn Chén lǎoshī dǎle ge zhāohu.

⑥. "一句也〜"は「一言も〜」という慣用表現。

主語 +〔動詞〕+ "着" (+目的語)。
S　　　V　　　　　　　(O)

「S は（O を）V している」

🎧 Audio ▶ 53

---

① 彼女は 1 着のワンピースを着**ています**。

---

② 彼女は耳にイヤリングをし**ています**。

---

③ ちょっと持っ**てて**。ちょっとトイレに行ってくるから。

---

④ ドアは鍵がかか**っていますか**。もう 1 回確認して。

---

⑤ 黒板に地図が 1 枚掛かっ**ています**。

---

⑥ ソファーに 1 匹の猫が横になっ**ています**。

---

⑦ 掲示板にポスターが貼っ**てありますか**。──貼っ**てありません**。

---

⑧ 多くの日本人は職場では革靴を履かずに、サンダルを履い**ています**。

---

⑤. "場所 + 動詞 **V** + 人 / 物" という語順で「場所に人 / 物が V している」
という意味を表す慣用表現。

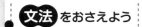

☆持続を表す "着"：～している

☆否定文は "没（有）" を使う。

※ "着" は肯定と否定の対比⑧（"穿" "不穿"）や疑問に対する答え⑦でも
　用いられます。

☆反復疑問文：「動詞 V ＋"着"＋(O) ＋"没有" ？」

　　　　　　　(O を)V していますか。 ……………… ⑦

她穿**着**一件连衣裙。
Tā chuān**zhe** yí jiàn liányīqún.

她耳朵上戴**着**一对耳环。
Tā ěrduoshang dài**zhe** yí duì ěrhuán.

你等**着**吧。 我去一下洗手间。
Nǐ děng**zhe** ba. Wǒ qù yí xià xǐshǒujiān.

门锁**着**吗？ 再确认一次。
Mén suǒ**zhe** ma? Zài quèrèn yí cì.

黑板上挂**着**一张地图。
Hēibǎnshang guà**zhe** yì zhāng dìtú.

沙发上躺**着**一只猫。
Shāfāshang tǎng**zhe** yì zhī māo.

告示牌上贴**着**宣传画**没有**？——**没贴着**。
Gàoshìpáishang tiē**zhe** xuānchuánhuà **méiyou**? Méi tiē**zhe**.

很多日本人在单位里不穿皮鞋，而穿**着**凉鞋。
Hěn duō Rìběnrén zài dānwèili bù chuān píxié, ér chuān**zhe** liángxié.

---

⑧. "不～，而…" は「～しないで、…する」という意味の慣用表現。

主語＋〔動詞〕＋"着"（＋目的語）。
S　　　　　V　　　　　　　　　（O）
「Sは（Oを）Vしている」

🎧 Audio ▶ 54

---

① 彼は歩**いて**学校に行きます。

---

② 彼女は私に微笑み**ながら**言いました。「教えない」。

---

③ 車を運転し**ながら**携帯電話をかけるのは危険だ。

---

④ 彼はいつも頭をかき**ながら**考え事をします。

---

⑤ 旗手は旗を掲げ**ながら**入場しました。

---

⑥ 父は毎朝、朝刊を読み**ながら**朝食を食べます。

---

⑦ 私たちは、おしゃべりをし**ているうちに**、時間が過ぎるのを
忘れてしまいました。

---

⑧ 私は電車でうとうと**していると**、駅を乗り過ごしてしまいま
した。

---

⑥.「朝刊」は **"晨报"** (chénbào)「夕刊」は **"晚报"** (wǎnbào) と言います。

☆ **"着"** を使った基本表現

① 「動詞 V ＋**"着"**＋（目的語 O）＋〜」
  ：（O を）V しながら〜する。 ………………………… ①②③④⑤⑥

② 「動詞 V ＋**"着"**＋動詞 V ＋**"着"**＋〜＋**"就"**＋…」
  ：〜しているうちに…。 ………………………………………… ⑦⑧

他走**着**去学校。
Tā zǒu**zhe** qù xuéxiào.

她微笑**着**跟我说："我不告诉你"。
Tā wēixiào**zhe** gēn wǒ shuō: "Wǒ bú gàosu nǐ."

开**着**车打手机很危险。
Kāi**zhe** chē dǎ shǒujī hěn wēixiǎn.

他总是挠**着**头思考问题。
Tā zǒngshì náo**zhe** tóu sīkǎo wèntí.

旗手举**着**旗子进场了。
Qíshǒu jǔ**zhe** qízi jìnchǎng le.

我爸爸每天看**着**晨报吃早饭。
Wǒ bàba měitiān kàn**zhe** chénbào chī zǎofàn.

我们聊**着**聊**着**，就忘了时间了。
Wǒmen liáo**zhe**liáo**zhe**, jiù wàngle shíjiān le.

我在电车上打**着**打**着**盹儿，就坐过站了。
Wǒ zài diànchēshang dǎ**zhe** dǎ**zhe** dǔnr, jiù zuòguo zhàn le.

⑧. **"坐过站"** は「駅を乗り過ごす」という意味の慣用表現。

▶経験を表す "过"

主語＋〔動詞〕＋ "过"（＋目的語）。
S　　　V　　　　　　　　　（O）
「S は（O を）V したことがある」

🎧 Audio ▶ 55

---

① 私は彼とどこかで会っ**たことがあります**。

---

② 私は**かつて**韓国語を学ん**だことがあります**。

---

③ 私は**これまで**こんな不愉快**だったことはありません**。

---

④ 彼は誠実で、浮気を**したことがありません**。

---

⑤ 彼は信頼するに値します。**これまで**私に嘘をつい**たことがないのですから**。

---

⑥ 彼はテニスの一流プレーヤーで、全国大会で優勝**したことがあります**。

---

⑦ あなたは留学生を教え**たことがあります**か。──**あります**。

---

⑧ あなたは松坂牛のステーキを食べ**たことがあります**か。──**ありません**。

---

②.⑥. **"曽经 V 过 (O)"**「かつて (O) を V したことがある」という慣用表現です。**"曽经"**は否定文では用いられません。**"*曽经没学过韩国语"**

☆経験を表す "过"：～したことがある。

☆否定文："没 (有)" を動詞の前に付ける。 ………… ③④⑤

☆反復疑問文：「〔動詞 V〕＋"过"＋(目的語 O)＋"没有"？」
　　　　　　(O を)V したことがありますか。 ……… ⑦⑧

我在哪儿跟他见过面。
Wǒ zài nǎr gēn tā jiànguo miàn.

我曾经学过韩国语。
Wǒ céngjīng xuéguo Hánguóyǔ.

我从来没有感受到这样不快过。
Wǒ cónglái méiyou gǎnshòudào zhèiyàng búkuàiguo.

他很诚实，没有搞过婚外恋。
Tā hěn chéngshi, méiyou gǎoguo hūnwàiliàn.

他值得信赖，从来没对我撒过谎。
Tā zhíde xìnlài, cónglái méi duì wǒ sāguo huǎng.

他是个网球高手，曾经在全国大赛上得过冠军。
Tā shì ge wǎngqiú gāoshǒu, céngjīng zài quánguó dàsàishang déguo guànjūn.

你教过留学生没有？——教过。
Nǐ jiāoguo liúxuéshēng méiyou? Jiāoguo.

你吃过松坂牛排没有？——没吃过。
Nǐ chīguo Sōngbǎn niúpái méiyou? Méi chīguo.

③. "从来没 (有)V 过 (O)"「これまで (O) を V したことがない」という慣用表現です。"从来" は肯定文では用いられません。

主語 + "再" + 〔動詞〕
S　　　　　　 V
「Sは再びVする」

🎧 Audio ▶ 56

① 明日**また**来てください。

② **もう**一度言ってください。

③ **またの**お越しを。

④ 私は毎日ストレッチをし**てから**就寝します。

⑤ 今は疲れているので、ちょっと休ん**でから**考えます。

⑥ 皆様、明日はまずチェックアウト**してから**ロビーに集合してください。

⑦ 声を**もう**少し上げてもらえませんか。

⑧ どれもしっくり来ません。**もう**少しいいのはありませんか。

⑥. **"先~再…"** は「まず~してから…」という意味の慣用表現。

146

☆副詞 **"再"** の代表的用法。

① 「**"再"**＋動詞 V」：再び V する ·························· ①②③

② 「～＋**"再"**＋動詞 V」：～してから V する ·············· ④⑤⑥

③ 「**"再"**＋形容詞＋**"一点儿"**」：さらに～ ·················· ⑦⑧

你明天**再**来吧。
Nǐ míngtiān **zài** lái ba.

请**再**说一遍。
Qǐng **zài** shuō yí biàn.

欢迎您**再**来。
Huānyíng nín **zài** lái.

我每天做了伸展运动**再**睡觉。
Wǒ měitiān zuòle shēnzhǎn yùndòng **zài** shuìjiào.

现在有点儿累，休息一会儿**再**考虑。
Xiànzài yǒudiǎnr lèi, xiūxi yíhuìr **zài** kǎolǜ.

大家明天先办退房手续**再**到大厅集合。
Dàjiā míngtiān xiān bàn tuìfáng shǒuxù **zài** dào dàtīng jíhé.

声音能不能**再**大点儿？
Shēngyīn néng bu néng **zài** dà diǎnr?

都不合适，有没有**再**好一点儿的？
Dōu bù héshì, yǒu méiyou **zài** hǎo yìdiǎnr de?

⑦. 形容詞はそのままの形では命令文にすることができません。"形容詞＋（一）点儿" という形にして要望を伝えます。

主語 + "还" + 〔動詞〕
S   V
「SはまだVする」

🎧 Audio ▶ 57

① 彼はこの年齢で**まだ**現役を続けています。

② 夜 10 時を過ぎているのに、試合は**まだ**終わっていません。

③ 時間は**まだ**早いので、もう少しゆっくりしたら。

④ あなた来週も**また**来ますか。

⑤ **まだ**食べますか。——十分です。もう食べたくありません。

⑥ 彼は英語、中国語ばかりか、さらにフランス語**も**できます。

⑦ ぐずぐずしないで。早く行きな。

⑧ もう 10 時だよ。**まだ**起きないの。

⑥. **"不但～, 而且…"**は「～ばかりか、さらに…」という意味の慣用表現です。
⑦. **"还不快～"**は「早く～しなさい」という意味の慣用表現です。

☆中国語の副詞 "还" の代表的用法。

①状態や動作の継続 …………………………………… 1 2 3

②動作・状態の重複や追加。…………………………… 4 5 6

③反語用法。（どうして、意外だという気持ちを表す。）…… 7 8

他到了这个岁数**还**没引退。
Tā dàole zhèige suìshu **hái** méi yǐntuì.

过了晚上十点，比赛**还**没结束。
Guòle wǎnshang shí diǎn, bǐsài **hái** méi jiéshù.

时间**还**早，再坐一会儿吧。
Shíjiān **hái** zǎo, zài zuò yíhuìr ba.

你下星期**还**来吗？
Nǐ xiàxīngqī **hái** lái ma?

你**还**要吃吗？——够了，我不想再吃了。
Nǐ **hái** yào chī ma?　　Gòule, wǒ bù xiǎng zài chī le.

他不但会说英语和汉语，而且**还**会法语。
Tā búdàn huì shuō Yīngyǔ hé Hànyǔ, érqiě **hái** huì Fǎyǔ.

别拖拖拉拉的，**还**不快走！
Bié tuō tuo lā lā de, **hái** bu kuài zǒu!

都十点了，**还**不起床吗？
Dōu shí diǎn le, **hái** bù qǐchuáng ma?

---

8. **"都~了"** は「もう、ある数量や範囲に達した」という意味の慣用表現です。

主語 + "在" + 〔動詞〕
S   V
「S は V している」

🎧 Audio ▶ 58

---

① 騒がないで、お兄ちゃんは昼寝**中**ですよ。

---

② 何を忙しく**しているの。

---

③ 私は勉強**中**なので、静かにしてください。

---

④ 私たちは**ちょうど**部屋の掃除を**しているところです**。

---

⑤ ちょうどよかった。あなたを**探していたところ**だったよ。

---

⑥ 私たちは食事**中**なので、もう少ししてから来てください。

---

⑦ 李君は友人と野球の試合を観戦**しています**。

---

⑧ 選手たちはグラウンドでウォーミングアップを**しています**。

☆進行を表す表現：「（ちょうど）〜している（ところだ）」

① 「**"在"** 〜 **"（呢）"**」 …………………… ①②⑦⑧

② 「**"正在"** 〜 **"（呢）"**」 …………………… ③④

③ 「**"正"** 〜 **"呢"**」 …………………… ⑤⑥

別吵了，哥哥**在**睡觉**呢**。
Bié chǎo le, Gēge **zài** shuìjiào **ne**.

你**在**忙什么**呢**？
Nǐ **zài** máng shénme **ne**?

我**正在**学习，安静点儿。
Wǒ **zhèngzài** xuéxí, ānjìng diǎnr.

我们**正在**打扫房间**呢**。
Wǒmen **zhèngzài** dǎsǎo fángjiān **ne**.

正好，我**正**找你**呢**。
Zhèng hǎo, wǒ **zhèng** zhǎo nǐ **ne**.

我们**正**吃饭**呢**，等一会儿再来吧。
Wǒmen **zhèng** chīfàn **ne**, děng yìhuǐr zài lái ba.

小李**在**跟朋友看棒球比赛。
Xiǎo Lǐ **zài** gēn péngyou kàn bàngqiú bǐsài.

选手们**在**操场上进行赛前热身。
Xuǎnshǒumen **zài** cāochǎngshang jìnxíngsàiqián rèshēn.

⑦. 進行を表す副詞が前置詞フレーズといっしょに用いられる場合、**"在"** は前置詞の前に置かれます。**"在＋跟〜"**

A + "比" + B + ～

「A は B より～」

🎧 Audio ▶ **59**

---

① 今日は昨日**より**暑いです。

---

② この店の商品はあの店**よりさらに**安い。

---

③ 野菜料理を食べる方が肉料理を食べる**よりさらに**健康的だ。

---

④ あいつは彼**以上に**扱いにくいね。

---

⑤ これはあれ**よりもずっと**よい。

---

⑥ 彼の収入は私**よりずっと**多い。

---

⑦ 兄は私**より少し**背が高いです。

---

⑧ 今日はいつも**よりちょっと**涼しいね。

補足メモ

③. **"有利于～"** は「～のためになる」という慣用表現です。

☆A＞Bタイプの比較文

① 「A"**比**"B～」：AはBより～ ………………………………… 1

② 「A"**比**"B＋"**更／还**"＋～」：AはBよりさらに～ … 2 3 4

③ 「A"**比**"B＋～＋"**得多／多了**"」：AはBよりずっと～ 5 6

④ 「A"**比**"B＋～＋"**一点儿**"」：AはBより少し～ ……… 7 8

今天**比**昨天热。
Jīntiān **bǐ** zuótiān rè.

这家商店的商品**比**那家**更**便宜。
Zhèi jiā shāngdiàn de shāngpǐn **bǐ** nèi jiā **gèng** piányi.

吃素菜**比**吃荤菜**更**有利于健康。
Chī sùcài **bǐ** chī hūncài **gèng** yǒulìyú jiànkāng.

那个家伙**比**他**还**难对付。
Nèige jiāhuo **bǐ** tā **hái** nán duìfu.

这个**比**那个好**得多**。
Zhèige **bǐ** nèi ge hǎo**de duō**.

他的收入**比**我多**多了**。
Tā de shōurù **bǐ** wǒ duō **duō le**.

我哥哥**比**我高**一点儿**。
Wǒ gēge **bǐ** wǒ gāo **yìdiǎnr**.

今天**比**平时凉快**一点儿**。
Jīntiān **bǐ** píngshí liángkuai **yìdiǎnr**.

---

7. 人について **"高"** を用いる場合、通常身長が高いことを指します。

A + "比" + B + ～
「A は B より～」

🎧 Audio ▶ **60**

---

① ノートパソコンは、こちらの店があの店**より 1 万円**安い。

---

② ダイエットの末、体重が以前**より 10 キロ**減りました。

---

③ 彼の給与は私の **2 倍**です。

---

④ 今年の収入は去年の**半分**です。

---

⑤ 生産量は以前の **3 倍に**増えました。

---

⑥ 生産量は以前の **3 倍に**増えました。

---

⑦ 彼女は最近**日に日に**痩せています。

---

⑧ 彼は性格が**年々**丸くなっています。

---

②. **"经过～"** は「～を通して」という意味の慣用表現。
⑥. 「n + 1 倍に増えた」という表現の「n + 1」を中国語で訳出したい場合
"增加到 n + 1 **倍"** という表現で表すことができます。

文法 をおさえよう

☆ A ＞ B タイプの比較文

① 「A "比" B ＋〜＋数量」：A は B より数量分〜 ………… 1 2 4
② 「A "比" B ＋〜＋ n "倍"」：A は B の (n + 1) 倍になった 3 5
③ "一天 比 一天〜"：日に日に ………………………… 7
④ "一年 比 一年〜"：年々〜 ……………………………… 8

笔记本电脑，这家商店**比**那家便宜**一万日元**。
Bǐjìběn diànnǎo, zhèi jiā shāngdiàn **bǐ** nèi jiā piányi **yíwànRìyuán**.

经过减肥，体重**比**以前减少了**十公斤**。
Jīngguò jiǎnféi, tǐzhòng **bǐ** yǐqián jiǎnshǎole **shí gōngjīn**.

他的工资**比**我多**一倍**。
Tā de gōngzī **bǐ** wǒ duō **yí bèi**.

今年的收入**比**去年少**一半**。
Jīnnián de shōurù **bǐ** qùnián shǎo **yíbàn**.

产量**比**以前增加了**两倍**。
Chǎnliàng **bǐ** yǐqián zēngjiāle **liǎng bèi**.

产量增加到以前的**三倍**了。
Chǎnliàng zēngjiādào yǐqián de **sān bèi** le.

她最近**一天比一天**瘦起来了。
Tā zuìjìn **yì tiān bǐ yì tiān** shòuqilai le.

他的脾气**一年比一年**温和了。
Tā de píqi **yì nián bǐ yì nián** wēnhé le.

7. **"〜起来"** は「〜し始めている」という意味の慣用表現。

61

▶比較文③

A＋"没有"＋B＋～ "不如"

「AはBほど～でない」

🎧 Audio▶**61**

---

① 僕のはあなたの**ほど**よく**ありません**。

---

② 今日は昨日**ほど**暖かく**ありません**。

---

③ **彼ほどの腕はありません**が、がんばります。

---

④ 熱がひいて、咳も昨日**ほど**ひどく**なくなり**ました。

---

⑤ 私も大ざっぱな性格だけど、あなた**ほど**ひどく**はない**よ。

---

⑥ 油断しないで、事はあなたが考える**ほど**簡単**じゃない**ですよ。

---

⑦ 私たちの生活は昔**ほどではありません**。

---

⑧ 私は年をとり、若いとき**ほどの元気がなくなり**ました。

補足メモ

③. **"会～的"** は「きっと～」という意味の慣用表現です。
④. 「熱が出た」という場合、**"发烧了"** と言います。

☆ A ＜ B タイプの比較文

① 「A "没有" B("那么") ～」：A は B ほど～でない。

············ ①②③④⑤⑥

② 「A "不如" B ～」：A は B ほど～でない。 ········ ⑦⑧

我的**没有**你的好。
Wǒ de **méiyou** nǐ de hǎo.

今天**没有**昨天暖和。
Jīntiān **méiyou** zuótiān nuǎnhuo.

我**没有**他**那么**有本事，可会努力的。
Wǒ **méiyou** tā **nàme** yǒu běnshi, kě huì nǔlì de.

烧退了，咳嗽也**没有**昨天**那么**厉害了。
Shāo tuì le, késou yě **méiyou** zuótiān **nàme** lìhai le.

我也是粗心大意的人，可**没有**你**那么**严重。
Wǒ yě shì cū xīn dà yì de rén, kě **méiyou** nǐ **nàme** yánzhòng.

别大意，事情**没有**你想的**那么**容易。
Bié dàyi, shìqing **méiyou** nǐ xiǎng de **nàme** róngyì.

我们的生活**不如**以前好。
Wǒmen de shēnghuó **bù rú** yǐqián hǎo.

我上了年纪，**不如**年轻时有精神。
Wǒ shàngle niánjì, **bù rú** niánqīng shí yǒu jīngshen.

⑧. "精神" の "神" は「元気」という意味の時は軽声となります。(shén) と二声に読むと「精神」という意味になります。

62

▶比較文④

A + "跟" + B + "一様" (+ ～)

「AはBと同じ（ように～）」

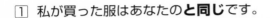

🎧 Audio ▶ 62

① 私が買った服はあなたの**と同じ**です。

② 僕の考えはあなた**とほとんど同じ**です。

③ 私の考えはあなた**と違います**。

④ 今日は昨日**と同じくらいの暑さ**です。

⑤ 私の年齢は李さん**と同じ**です。

⑥ 李さんは趙君**なみに**手ごわい。

⑦ 田中君の中国語は山田君**と同じくらい**流暢です。

⑧ テニスについて言えば、彼は王君**と同じだけの**凄腕です。

補足メモ

③. "A 跟 B 一様" の否定は "A 跟 B 不一様" です。"不" の位置に注意してください。

⑤. 人の比較に用いられる時、"大" は通常年齢を表します。

☆ A ≒ B タイプの比較文

① 「A "跟" B + "一样 / "差不多"」：A は B と同じだ
　　　　　　　　　　　　　　　　　　　　 ⋯⋯⋯⋯⋯⋯⋯⋯⋯ 1 2 3

② 「A "跟" B + "一样" + ～」：A は B と同じように～
　　　　　　　　　　　　　　　　 ⋯⋯⋯⋯⋯⋯⋯ 4 5 6 7 8

我买的衣服**跟**你的**一样**。
Wǒ mǎi de yīfu **gēn** nǐ de **yíyàng**.

我的想法**跟**你**差不多**。
Wǒ de xiǎngfa **gēn** nǐ **chàbuduō**.

我的想法**跟**你**不一样**。
Wǒ de xiǎngfa **gēn** nǐ **bù yíyàng**.

今天**跟**昨天**一样**热。
Jīntiān **gēn** zuótiān **yíyàng** rè.

我（年纪）**跟**小李**一样**大。
Wǒ (niánjì) **gēn** Xiǎo Lǐ **yíyàng** dà.

小李**跟**小赵**一样**不简单。
Xiǎo Lǐ **gēn** Xiǎo Zhào **yíyàng** bù jiǎndān.

田中的汉语**跟**山田**一样**流利。
Tiánzhōng de Hànyǔ **gēn** Shāntián **yíyàng** liúlì.

论网球，他**跟**小王**一样**高明。
Lùn wǎngqiú, tā **gēn** Xiǎo Wáng **yíyàng** gāomíng.

6. **"不简单"** は「大したものだ」という意味の慣用表現です。

63 ▶比較文⑤

<u>A</u> +"像"+<u>B</u>+（+"那么"+～）
「AはBのよう（に～）」

🎧 Audio ▶ **63**

---

① 彼女は、本当に自分のお母さん**に似ています**。

---

② あなたたち二人が兄弟なんて、本当**似て**ないね。

---

③ 今年の夏は暑くて、本当にサウナ風呂**みたい**だ。

---

④ ソファーに座ってみると心地よくて、雲の上に浮かんでいる**ようだ**。

---

⑤ あなたは豹**のように**すばしこいね。

---

⑥ 私を舐めるな。私は彼**みたいに**ばかじゃないぞ。

---

⑦ 彼女は優しく、いつも私たちに身内**のように**接してくれます。

---

⑧ さっき言った**通り**、私は同意できません。

---

②. **"没想到～"** は「～とは思わなかった」という慣用表現。

160

文法 をおさえよう

① 「"像"(B)」：(Bに)似ている。 ·················· 1 2

② 「"(好)像" B」：Bのようだ／Bみたいだ。 ········ 3 4

③ 「"像" B("那么" / "那样")〜」：Bのように〜だ。

······················· 5 6 7

④ 「"像" B("那样"),〜」：Bに示した通り、〜。 ··· 8

她真**像**自己的妈妈。
Tā zhēn **xiàng** zìjǐ de māma.

没想到你们俩是兄弟，真不**像**。
Méi xiǎngdào nǐmen liǎ shì xiōngdì, zhēn bú **xiàng**.

今年的夏天太热，真**像**桑拿浴。
Jīnnián de xiàtiān tài rè, zhēn **xiàng** sāngnáyù.

沙发坐着挺舒服，**好像**漂在云彩上。
Shāfā zuòzhe tǐng shūfu, **hǎoxiàng** piāozài yúncaishang.

你真**像**豹子**那样**敏捷。
Nǐ zhēn **xiàng** bàozi **nèiyàng** mǐnjié.

别小看我，我不**像**他**那么**傻。
Bié xiǎokàn wǒ, wǒ bú **xiàng** tā **nàme** shǎ.

她真温柔，总是**像**家里人**那样**对待我们。
Tā zhēn wēnróu, zǒngshi **xiàng** jiālírén **nèiyàng** duìdài wǒmen.

像刚才说的那样，我不能同意。
Xiàng gāngcái shuō de **nèiyàng**, wǒ bù néng tóngyì.

4. **"坐着挺舒服"** は "動詞 V＋着 ＋形容詞" の形で、「V してみると〜」という
意味を表します。

Part

4

中国語特有の構文を理解しよう

主語＋述語〔主語＋述語〕。

S_1 S_2 ～

「S_1 は S_2 が～だ」

🎧 Audio ▶ **64**

① 彼は**背が**高い。

② 私は最近**体の調子が**よくありません。

③ 彼は**力が**強いが、**頭は**単純だ。

④ 夕飯を、**私は**もう済ませました。

⑤ 上海には、**私は**一度行ったことがあります。

⑥ こんなこと、**私は**絶対同意できません。

⑦ 私の弟は**一人が**大学生で、**一人が**高校生です。

⑧ スイカは一個**千円**です。

④. **"已经～了"** で、「既に～してしまった」という意味の慣用表現です。

☆主述述語文の代表的パターン。

① S1 と S2 が「全体」と「部分」の関係。 ･･････････････････････････ 1 2 3
② S1 と S2 が「動作を受ける者」と「動作をする者」の関係。

　　　　　　　　　　　　　　　　　　　　　　　　　　　　 4 5 6
③ S1 と S2 が「メンバー全体」と「その中の数」の関係。 ･･･････ 7
④ S1 と S2 が「数量」と「計算単位」の関係。 ･･････････････････ 8

他**个子**很高。
Tā **gèzi** hěn gāo.

我最近**身体**不好。
Wǒ zuìjìn **shēntǐ** bù hǎo.

他**力气**大，可**头脑**简单。
Tā **lìqi** dà, kě **tóunǎo** jiǎndān.

晚饭**我**已经吃了。
Wǎnfàn **wǒ** yǐjīng chī le.

上海，**我**去过一次。
Shànghǎi, **wǒ** qùguo yí cì.

这样的事，**我**绝不能同意。
Zhèiyàng de shì, **wǒ** jué bù néng tóngyì.

我弟弟**一个**是大学生，**一个**是高中生。
Wǒ dìdi **yí ge** shì dàxuéshēng, **yí ge** shì gāozhōngshēng.

西瓜**一千日元**一个。
Xīguā **yìqiān Rìyuán** yí ge.

8. 値段を言う時は、通常先に値段が来て、個数が後からきます。

65

主語＋述語（重ね型）（＋目的語）。
S **V** **(O)**

「Sは（Oを）ちょっとVする」

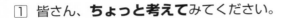

Audio ▶ 65

---

① 皆さん、**ちょっと考えて**みてください。

---

② 私に**ちょっと見せて**ください。

---

③ 私はすぐに戻ってきます。**少々お待ち**ください。

---

④ 何でそんなことをしたのか、事情を**説明してみて**ください。

---

⑤ この問題は、**議論してみる**必要があります。

---

⑥ 時間を少しください。**少し考え**させてください。

---

⑦ 子供が泣いたので、私はハンカチで**ちょっと**涙を**ぬぐいま**した。

---

⑧ 先生は机を**パンとたたいて**、居眠りをしている生徒を起こしました。

---

①．②．③．一音節（漢字一文字）の動詞の場合、"V－V"という形をとることもできます。

☆動詞の重ね型 "VV"：ちょっと～する。 … ①②③④⑤⑥

☆動詞の重ね型 "V 了 V"：ちょっと～した。 ……… ⑦⑧

※この場合、動詞は一音節（漢字一文字）に限られる。
"*讨论了讨论" とは言わない。

※重ね型の場合後の動詞は最初の動詞より軽く読まれます。

请大家想（一）想。
Qǐng dàjiā **xiǎng (yi) xiang**.

请给我看（一）看。
Qǐng gěi wǒ **kàn (yi) kan**.

我马上就回来，请等（一）等。
Wǒ mǎshàng jiù huílái, qǐng **děng (yi) deng**.

你为什么办了这样的事，跟我解释解释。
Nǐ wèi shénme bànle zhèiyàng de shì, gēn wǒ **jiěshì jiěshì**.

这个问题还要讨论讨论。
Zhèige wèntí hái yào **tǎolùn tǎolùn**.

给我点儿时间，让我再考虑考虑。（"让" ⇒ 69 課）
Gěi wǒ diǎnr shíjiān, ràng wǒ zài **kǎolǜ kǎolǜ**.

孩子哭了，我用手帕擦了擦泪水。
Háizi kū le, wǒ yòng shǒupà **cāle ca** lèishuǐ.

老师拍了拍桌子，叫醒了打瞌睡的学生。
Lǎoshī **pāile pai** zhuōzi, jiàoxǐngle dǎ kēshuì de xuésheng.

⑥. **"给 我 点儿 时间"** の **"点儿"** は**名量詞**で前に **"一"** が省略されています。
（「数詞＋量詞＋**名詞**」の語順で名詞に伴う量詞を「**名量詞**」と呼び、「**動詞**＋数詞＋量詞」の語順で動詞に伴う量詞を「**動量詞**」と呼びます。）
"一点儿" は「少しの」という意味。

66 ▶動詞＋結果補語①

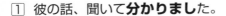

主語＋〔動詞＋結果補語〕（＋目的語）。

S 　　　　 V 　　 ～ 　　　　 （O）

「Sは（Oを）Vして～する」

🎧 Audio ▶ 66

---

① 彼の話、聞いて**分かりました**。

---

② 服はきれいに**洗いました**。

---

③ 私はイメージチェンジのため、髪の毛を**短く**切りました。

---

④ **お腹いっぱい**食べましたか。足りないなら、また頼みましょう。
――**お腹いっぱい**になりました。ありがとうございます。

---

⑤ あなたは**大きく**なったら何になりたいですか。

---

⑥ 私は言い**間違えました**。もう一度言います。

---

⑦ 私は仕事をやり**終えていない**ので、まだ帰宅できません。

---

⑧ **はっきり**聞こえ**ますか**。――**はっきり**聞こえ**ません**。

補足メモ

③. "A，以 B" は「B するために A する」という意味の慣用表現。

☆結果補語：動詞の後につけて動作の結果、主語 S または目的語 O がどうなったのかを示す補語。

【語順】：「①主語 S ＋②動詞 V ＋③結果補語＋④ "了" ＋⑤目的語 O」

◎否定文：「"没（有）" ＋動詞 V ＋結果補語＋目的語 O」 ………… 7

◎反復疑問文：「動詞 V ＋結果補語＋ "了没有？"」 ……………… 8

他的话，我听**懂**了。
Tā de huà, wǒ tīng**dǒng** le.

衣服洗**干净**了。
Yīfu xǐ**gānjìng** le.

我剪**短**了头发，以改变一下印象。
Wǒ jiǎn**duǎn**le tóufa, yǐ gǎibiàn yí xià yìnxiàng.

你吃**饱**了吗？ 不够再点。——吃**饱**了，谢谢。
Nǐ chī**bǎo** le ma? Bú gòu zài diǎn. Chī**bǎo** le, xièxie.

你长**大**了想当什么？
Nǐ zhǎng**dà**le xiǎng dāng shénme?

我说**错**了，再说一遍。
Wǒ shuō**cuò**le, zài shuō yí biàn.

我还**没**做**完**工作，还不能回家。
Wǒ hái **méi** zuò**wán** gōngzuò, hái bù néng huíjiā.

你听**清楚**了没有？——**没**听**清楚**。
Nǐ tīng**qīngchu**le méiyou? **Méi** tīng**qīngchu**.

5. **"长大"** は直訳すると「成長して大きくなる」という意味。

67

▶動詞＋結果補語②

主語＋〔動詞＋結果補語〕(＋目的語)。
S   V   ～   (O)
「Sは（Oを）Vして～する」

🎧 Audio ▶ 67

---

1 荷物はここ**に**置いてください。

---

2 私は服を着替えるとソファー**に**横になりました。

---

3 私は昨日彼を見**かけ**ました。

---

4 私の声、あなたは聞こ**えまし**たか？——聞こ**えまし**た。

---

5 来週私は九州**に**引越します。

---

6 私たちは昨日真夜中**まで**仕事をしていました。

---

7 私はやっとチケットを手に入れることが**できま**した。

---

8 落し物は見つ**かり**ましたか。——まだ見つ**かって**いません。

---

2. **"～了就…"** は「～すると(すぐに)…する」という慣用表現です。

文法をおさえよう

☆代表的な結果補語は以下の3点

① V 在 +[場所]：場所にVする。 …………………………………… ①②
② V 见：（"看" "听" の後につけて）見える、聞こえる。 ……③④
③ V 到：1（"到" の後に場所を置いて）場所にVする。 ……………⑤
　　　　2（"到" の後に時間を置いて）ある時間までVする。………⑥
　　　　3（"到" の後に人や物を置いて）標的に到達する。 ……⑦⑧

行李，请放在这儿。
Xíngli, qǐng fàngzài zhèr.

我换了衣服就躺在沙发上了。
Wǒ huànle yīfu jiù tǎngzài shāfāshang le.

我昨天看见他了。
Wǒ zuótiān kànjian tā le.

我的声音，你听见了没有？——听见了。
Wǒ de shēngyīn, nǐ tīngjianle méiyou?　　Tīng jianle.

下星期我搬到九州。
Xiàxīngqī wǒ bāndào Jiǔzhōu.

我们昨天工作到半夜。
Wǒmen zuótiān gōngzuòdào bànyè.

我总算买到票了。
Wǒ zǒngsuàn mǎidào piào le.

丢失的东西找到了吗？——还没找到。
Diūshī de dōngxi zhǎodàole ma?　　Hái méi zhǎodào.

主語＋〔動詞＋方向補語〕（＋目的語）。

S　　　**V**　　　　　**~**　　　　**(O)**

「S は（O を）V して～する」

🎧 Audio ▶ **68**

---

① 私は来週富士山に登ります。

---

② 階段を**下り**たら玩具売り場が見えます。

---

③ 読み終わった本は、本棚に**戻して**ください。

---

④ 私は忘れ物したことに気づいて、慌てて家に駆け**戻り**ました。

---

⑤ アイスクリームは冷凍庫に**入れ**ています。

---

⑥ お母さんは財布から千円札を取り**出して**子供に渡しました。

---

⑦ あの通りを**過ぎ**たら市役所は向かいにあります。

---

⑧ さっき鍵を拾ったのですが、あなたのですか。

---

①. ②. ③. ⑤. ⑧. 中国語の "動詞＋方向補語" 形式では、動詞もしくは方向補語を日本語に訳出しにくいケースが多々あります。逆に中国語に訳す場合は、場面に応じて動詞や補語を補う必要があります。

☆方向補語：動詞の後につけて、動作の結果、主語 S または目的語
　　　　　 O の向かう方向を示す補語。
☆代表的な方向補語の用法
◎ "上"：下から上への移動 ……① ◎ "下"：上から下への移動 ……… ②
◎ "进"：外から中への移動 ……⑤ ◎ "出"：中から外への移動 ……… ⑥
◎ "回"：元の場所への移動 … ③④ ◎ "过"：ある場所を過ぎ去ること ⑦
◎ "起"：足元の範囲から上への移動……⑧

我下星期要爬**上**富士山。
Wǒ xiàxīngqī yào pá**shang** Fùshìshān.

走**下**楼梯就能看到玩具柜台。
Zǒu**xia** lóutī jiù néng kàndao wánjù guìtái.

书看完了请放**回**书架上。
Shū kànwánle qǐng fàng**hui** shūjiàshang.

我发现落了东西，又急忙跑**回**家。
Wǒ fāxiàn làle dōngxi, yòu jímáng pǎo**hui** jiā.

冰激凌，放**进**冷冻箱里了。
Bīngjilíng, fàng**jin** lěngdòngxiāngli le.

妈妈从钱包里拿**出**了一千日元纸钞给了孩子。
Māma cóng qiánbāoli ná**chu**le yìqiān Rìyuán zhǐchāo gěile háizi.

走**过**了那条街，市政府就在对面。
Zǒu**guo**le nèi tiáo jiē, shìzhèngfǔ jiù zài duìmiàn.

刚才捡**起**了一个钥匙，是不是你的？
Gāngcái jiǎn**qi**le yí ge yàoshi, shì bu shi nǐ de?

主語＋"叫/让/使" ＋目的語＋〜。
S　　　　V　　　　　O

「SはOに〜させる」

🎧 Audio ▶ 69

---

① お母さんは娘に買い物に行か**せました**。

---

② 先生は遅刻した学生を廊下に立た**せました**。

---

③ 先生は、私語をしている学生に話をしない**ように言いました**。

---

④ 少し私に考え**させて**ください。

---

⑤ 彼女はいつも親に心配を**かけて**います。

---

⑥ お母さんは手紙で、健康に気を付ける**よう**言っていました。

---

⑦ このニュースは、みんなを非常に喜ば**せました**。

---

⑧ 彼のエラー**で**、私たちのチームは、試合に負けました。

---

③. ⑥. 使役文は「〜させる」と訳すよりもよく「〜するように言う」と訳
す方が適切な場面が多々あります。

文法をおさえよう

☆兼語文：目的語が後ろの動詞の主語を兼ねている動詞

☆使役を表す"叫""让""使"

① **"叫"**：強制的にさせる ································· 1 2 3
② **"让"**：(1) 許可・容認を表す ························· 4
   (2) 強制力の小さい使役 ··················· 5 6
③ **"使"**：因果関係を表す ··························· 7 8

妈妈**叫**女儿去买东西。
Māma **jiào** nǚ'ér qù mǎi dōngxi.

老师**叫**迟到的学生站在走廊里。
Lǎoshī **jiào** chídào de xuésheng zhànzài zǒulángli.

老师**叫**随便聊天儿的学生不要说话。
Lǎoshī **jiào** suíbiàn liáotiānr de xuésheng bú yào shuō huà.

请**让**我想一下。
Qǐng **ràng** wǒ xiǎng yí xià.

她总是**让**父母担心。
Tā zǒngshì **ràng** fùmǔ dānxīn.

妈妈写信**让**我好好儿注意健康。
Māma xiě xìn **ràng** wǒ hǎohāor zhùyì jiànkāng.

这个消息**使**大家非常高兴。
Zhèige xiāoxi **shǐ** dàjiā fēicháng gāoxìng.

他的失误**使**我们队在比赛时输了。
Tā de shīwù **shǐ** wǒmen duì zài bǐsài shí shū le.

③. **"叫＋人＋不要 / 别＋～"** は「人に～しないように言う」という慣用表現です。

70

▶●兼語文② "请" "邀请" "建议" "劝" "命令"

主語 + "请" + 目的語 + ～。
S V O
「S は（O に）V して～させる」

🎧 Audio ▶ 70

---

① あなたに手伝いを**お願いし**たいのですが。

---

② 不足な点は、皆さんご容赦**ください**。

---

③ 私たちのことに余計な口を挟まないよう**にしてください**。

---

④ 今日私があなたに**おごってあげます**。

---

⑤ あなたを私の家に**ご招待いたします**。

---

⑥ 妻はダイエットするよう**勧めています**。

---

⑦ 医者は患者にメタボにならないよう、肉をあまり食べないよう**勧めています**。

---

⑧ 上司は私に子会社に出向するよう**言いつけました**。

---

③. **"V + 人 + 不要 / 别 + ～"** は「人にしないように V する」という慣用表現。
⑦. **"少 V"** は「V するのを控える」という慣用表現。

176

文法 をおさえよう

☆兼語文の日本語訳の仕方は主に以下の2つ
「SはOにVして〜させる」「Oが〜するようVする」

☆兼語文になる動詞
◎ **"请"**：「頼む」 ………… 123　◎ **"建议"**：「提案する」… 6
◎ **"请"**：「ご馳走する」 ……… 4　◎ **"劝"**：「勧める」 ……… 7
◎ **"邀请"**：「招待する」……… 5　◎ **"命令"**：「命令する」… 8

我想**请**你帮忙。
Wǒ xiǎng **qǐng** nǐ bāngmáng.

有不周到之处**请**大家见谅。
Yǒu bù zhōudào zhī chù **qǐng** dàjiā jiànliàng.

我们的事，**请**你不要插嘴。
Wǒmen de shì, **qǐng** nǐ bú yào chāzuǐ.

今天我**请**你吃饭。
Jīntiān wǒ **qǐng** nǐ chīfàn.

我**邀请**你到我家来。
Wǒ **yāoqǐng** nǐ dào wǒ jiā lái.

太太**建议**我减肥。
Tàitai **jiànyì** wǒ jiǎnféi.

大夫**劝**病人少吃肉，以免患了代谢综合症。
Dàifu **quàn** bìngrén shǎo chī ròu, yǐmiǎn huànle dàixiè zōnghézhèng.

上级**命令**我到分公司去工作。
Shàngjí **mìnglìng** wǒ dào fēn gōngsī qù gōngzuò.

7. "A，以免 B" は「B しないで済むように A する」という慣用表現です。

71

▶兼語文③ "帮" "要求" "鼓励" "带" "逼" "提名" "选" "认"

主語 + "帮" + 目的語 + 〜。
S　　V　　　O
「Sは（Oに）Vして〜させる」

🎧 Audio ▶ 71

---

① 荷物を運ぶの**を手伝って**くれない。

---

② 労働者はストライキを起こして会社にベースアップするよう**要求しています**。

---

③ 私が気分の沈んでいる時、友人は私に元気を出すように**励ましてくれます**。

---

④ ガイドさんは、旅行客を観光スポットに**連れて**いってくれました。

---

⑤ 会社は社員にサービス残業を**迫り**、訴えられました。

---

⑥ 先生は山田君を学級委員長に**指名し**ました。

---

⑦ 皆は彼を代表に**選び**ました。

---

⑧ 皆は彼を実力者と**認めて**います。

---

⑥. 日本語につられて**"指名"**としないように注意してください。**"指名"**は中国語では「名指しする；指定する」という意味。

178

☆兼語文：目的語が後ろの動詞の主語を兼ねている動詞

☆兼語文になる動詞

◎ **"帮"**：「手伝う」 ……… ① ◎ **"逼"**：「迫る」 ……… ⑤

◎ **"要求"**：「要求する」 ② ◎ **"提名"**：「任命する」 ⑥

◎ **"鼓励"**：「励ます」 … ③ ◎ **"选"**：「選ぶ」 ……… ⑦

◎ **"带"**：「案内する」…… ④ ◎ **"认"**：「認める」 …… ⑧

你能不能**帮**我搬一下东西？
Nǐ néng bu neng **bāng** wǒ bān yíxià dōngxi?

工人罢了工，**要求**公司提高基本工资。
Gōngrén bàle gōng, **yāoqiú** gōngsī tígāo jīběn gōngzī.

我情绪不好的时候，朋友**鼓励**我打起精神。
Wǒ qíngxù bù hǎo de shíhou, péngyou **gǔlì** wǒ dǎqi jīngshen.

导游**带**游客去了景点。
Dǎoyóu **dài** yóukè qùle jǐngdiǎn.

公司**逼**职工免费加班，被告上法庭。
Gōngsī **bī** zhígōng miǎnfèi jiābān, bèi gàoshang fǎtíng.

老师**提名**山田为班长。
Lǎoshī **tímíng** Shāntián wéi bānzhǎng.

大家**选**他为代表了。
Dàjiā **xuǎn** tā wéi dàibiǎo le.

大家**认**他做一把手。
Dàjiā **rèn** tā zuò yìbǎshǒu.

▶方向動詞 "来" "去" を用いた文①

主語+〔動詞〕(+場所) "来 / 去"。
S V   (O)
「S は (場所を/に) V して来る/行く」

🎧 Audio ▶ 72

---

① 彼は階段を上って**いき**ました。

---

② 彼は山を下りて**いき**ました。

---

③ 彼は部屋に入って**き**ました。

---

④ 私は家に帰ります。

---

⑤ スーパーには、この道を通って**いく**方がいいですよ。

---

⑥ 入って**きて**。

---

⑦ 降りて**きて**。

---

⑧ あなた達出て**行って**。

---

⑤. **"最好 V"** で「V した方がよい」という意味の表現です。

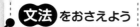

☆方向動詞 **"来" "去"** を用いた語順:
　①動詞 V ＋② [場所] ＋③ **"来 / 去"**。 ……… 1️⃣2️⃣3️⃣4️⃣5️⃣

※② [場所] の位置に注意。

※特に場所を明示する必要のない時は場所を入れず、**"V 来" "V 去"** の形で用いられる。 ……… 6️⃣7️⃣8️⃣

☆ **"来" "去"** の使用基準
　　"来" …話者の視界に近づくとき　**"去"** …話者の視界から遠ざかるとき

他上楼**去**了。
Tā shàng lóu **qù** le.

他下山**去**了。
Tā xià shān **qù** le.

他进屋里**来**了。
Tā jìn wūli **lái** le.

我回家**去**。
Wǒ huí jiā **qù**.

到超市，最好走这条路**去**。
Dào chāoshì, zuìhǎo zǒu zhèi tiáo lù **qu**.

你进**来**吧。
Nǐ jìn**lai** ba.

你下**来**吧。
Nǐ xià**lai** ba.

你们出**去**！
Nǐmen chū**qu**!

6️⃣. 7️⃣. 8️⃣. 動詞 V の後ろに場所が入らず **"V 来 / V 去"** となる時、**"来" "去"**
は軽声で読まれます。

主語+〔動詞〕(+人 / 物) "来 / 去"。
S V (O)
「Sは (人 /物を) Vして来る/行く」

🎧 Audio ▶ 73

---

① コーヒーを持って**きて**ください。

---

② 今日私は、あなたにメールを送ります。

---

③ コーラを 1 本買って**きて**ちょうだい。

---

④ 今日家から電話がかかって**きました**。

---

⑤ 私は図書館から 1 冊の本を借りて**きました**。

---

⑥ 台所にコップがあるから、持って**きて**。

---

⑦ 例の書類は、まだ届いていませんよ。

---

⑧ これはあなたの取り分なので、持っ**ていって**ください。

---

①. ②. ③. それぞれ "①動詞 V +②人 / 物+③**来 / 去**" は "* ①動詞 V +②**来 / 去**+③人 / 物"("* **拿来一个杯子**""* **发去电子邮件**""* **买来一瓶可乐**") ということはできません。⇒【文法をおさえよう】(2) ※を参照。

☆ [人／物]を目的語にし、方向動詞 **"来" "去"** を用いた語順

(1) ①動詞 V ＋② [人／物]＋③ **"来／去"** …… 1️⃣2️⃣3️⃣4️⃣5️⃣

(2) ①動詞 V ＋② **"来／去"** ＋③ [人／物] ……………4️⃣5️⃣

※(2)の語順になるのは、(i) 動詞 V が既に発生した動作。(ii)[人／物]が
名量詞の修飾を受ける。4️⃣は **"个"** 5️⃣は **"本"**（名量詞⇒ 65 課補足メモ参照）

※特に[人／物]を明示する必要のないときは **"V 来" "V 去"** の形 6️⃣7️⃣8️⃣

拿一杯咖啡**来**。
Ná yì bēi kāfēi **lái**.

今天我发一个电子邮件**去**。
Jīntiān wǒ fā yí ge diànzǐyóujiàn **qù**.

买一瓶可乐**来**。
Mǎi yì píng kělè **lái**.

今天家里打电话**来**了。/ 今天家里打**来**了一个电话。
Jīntiān jiāli dǎ diànhuà **lái** le. ／ Jīntiān jiāli dǎ**lái**le yí ge diànhuà.

我从图书馆借(一)本书**来**了。/ 我从图书馆借**来**了一本书。
Wǒ cóng túshūguǎn jiè (yì) běn shū **lái** le. ／ Wǒ cóng túshūguǎn jiè**lái**le yì běn shū.

厨房里有杯子，你拿**来**。
Chúfángli yǒu bēizi, nǐ ná**lái**.

那个文件还没寄**来**。
Nèige wénjiàn hái méi jì**lái**.

这是你的份儿，拿**去**吧。
Zhè shì nǐ de fènr, ná**qù** ba.

6️⃣. 7️⃣. 8️⃣. 動詞 V の後ろに人／物が入らず **"V 来 /V 去"** となる時、**"来" "去"** は軽声で読まれます。

主語+〔動詞+方向補語〕+"来/去"。
S　　　　 V

「S は (場所を/に) V して来る/行く」

🎧 Audio ▶ 74

---

① 玄関に客が来たので、私は下の階に**下りていきました**。

---

② 通勤ラッシュ時は、大勢の乗客が大急ぎで電車の中に駆け**込んできました**。

---

③ 生ものは腐りやすいので、早く冷蔵庫にしまいなさい。

---

④ 私は来週飛行機で大阪に**戻ります**。

---

⑤ 彼は最近東京に引越し**てきました**。

---

⑥ 彼は不注意にも、自転車から転げ**落ちました**。

---

⑦ そのニュースを聞いて、彼はかけ**戻りました**。

---

⑧ 彼女は私の方に歩み寄っ**てきて**軽く挨拶をしました。

補足メモ

① . "場所 +V+ 人 / 物" は「ある場所に人 / 物が V した」という意味の構文です (文法用語で現象文と言います)。

⑤ . 方向補語が **"到"** の場合、必ず **"V 到 +方向補語 + 場所+来 / 去"** の形となります。よって、**"*搬到来"** とは言えません。

☆[場所]を目的語にし、方向補語（"下""回""进"など）と方向動詞"来""去"を用いた語順は以下の通り。

①動詞Ⅴ＋②方向補語＋③［場所］＋④"来 / 去"。

················· ①②③④⑤

※③［場所］の位置に注意。

※特に場所を明示する必要のない時は次の形で用いられる。

「動詞Ⅴ＋方向補語＋"来"/"去"」 ················· ⑥⑦⑧

门口来了个客人，我走**下**楼**去**了。
Ménkǒu láile ge kèren, wǒ zǒu**xià** lóu **qù** le.

上班高峰时，大量乘客匆忙跑**进**电车里**来**了。
Shàngbān gāofēng shí, dàliàng chéngkè cōngmáng pǎo**jìn** diànchēli **lái** le.

生的东西容易坏，快放**进**冰箱里**去**。
Shēng de dōngxi róngyì huài, kuài **fàngjìn** bīngxiāngli **qù**.

我下星期飞**回**大阪**去**。
Wǒ xiàxīngqī fēi**huí** Dàbǎn **qù**.

他最近搬**到**东京**来**了。
Tā zuìjìn bān**dào** Dōngjīng **lái** le.

他不小心，从自行车上摔**下来**了。
Tā bù xiǎoxīn, cóng zìxíngchēshang shuāi**xialai** le.

听了那个消息，他跑**回来**了。
Tīngle nèige xiāoxi, tā pǎo**huilai** le.

她向我走**过来**打了个招呼。
Tā xiàng wǒ zǒu**guolai** dǎle ge zhāohu.

⑥. ⑦. ⑧. "動詞Ⅴ＋方向補語"の後ろに場所が入らず"動詞Ⅴ＋方向補語＋**来**"または"動詞Ⅴ＋方向補語＋**去**"となる時、**"来""去"**は軽声で読まれます。

主語＋〔動詞＋方向補語〕＋"来/去"。
S V
「S は（人/物を）V して来る/行く」

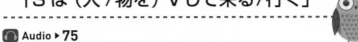

🎧 Audio ▶ 75

---

① 量が多いので、半分持って**帰って**ください。

---

② 彼女はとても悲しく、ぽろぽろ涙が流れ**てきました**。

---

③ 父は出張からいくつかお土産を買って**きて**くれました。

---

④ ビールを 1 本持って**きて**。

---

⑤ 彼はグラスを持ち**上げて**「皆さんの健康を祝して乾杯」と言いました。

---

⑥ これはあなたのでしょう。持って**帰って**。

---

⑦ 皆さん、起立。

---

⑧ キーパーはボールを高々と蹴り**上げました**。

補足メモ

⑤. "为～而…" は「～という目的のために…」という意味の慣用表現。

186

☆ [人／物] を目的語にし、方向補語（"回" "进" など）と方向
動詞 "来" "去" を用いた語順は以下の通り。

(1) ①動詞V ＋②方向補語＋③ [人／物] ＋④ "来／去" ……… ①②③④⑤

(2) ①動詞V ＋②方向補語＋③ "来／去" ＋④ [人／物] ……………… ②③

※(2) の語順になるのは、(i) 動詞Vが既に発生した動作。(ii) [人／物] が名量詞(⇒65
課補足メモ参照)の修飾を受ける。

※特に人／物を明示する必要のないとき「動詞V ＋方向補語＋"来／去"」。… ⑥⑦⑧

量太多，拿回一半儿去！
Liàng tài duō, náhuí yíbànr qù!

她太伤心，流出几滴眼泪来了。/ 流出来了几滴眼泪。
Tā tài shāngxīn, liúchu jǐ dī yǎnlèi lái le. / Liúchulaile jǐ dī yǎnlèi.

爸爸出差买回一些礼物来了。/ 买回来了一些礼物。
Bàba chūchāi mǎihui yìxiē lǐwù lái le. / Mǎihuilaile yìxiēlǐwù.

你拿过一瓶啤酒来。
Nǐ náguo yì píng píjiǔ lái.

他举起杯子来说："为大家的健康而干杯！"
Tā jǔqi bēizi lái shuō: "Wèi dàjiā de jiànkāng ér gānbēi!"

这是你的吧。 拿回去！
Zhè shì nǐ de ba.　Náhuiqu!

大家，站起来！
Dàjiā, zhànqilai!

守门员把球高高地踢上去了。
Shǒuményuán bǎ qiú gāogāo de tīshangqu le.

---

⑥. ⑦. ⑧. "動詞V ＋方向補語"の後ろに人／物が入らず、"動詞V ＋方向補語＋来"
または "動詞V ＋方向補語＋去" となる時、"来" "去" は軽声で読まれます。

⑧. "把 ＋人／物＋〜" という形で「人／物を〜する」という意味を表します。

50
音順

フレーズ
トレーニング

ここでは本文のセンテンス(文)中で使用しているフレーズ(句)を50音順に「日本語⇒中国語」で配列してあります。音声を聴いて覚えましょう。このトレーニングをすることで本文の作文がしやすくなります。

【あ】

□ あなたにメールを送る	⇒ 给你发电子邮件 gěi nǐ fā diànzǐ yóujiàn	30-[2]
□ アニメに興味がある	⇒ 对动画片感兴趣 duì dònghuàpiàn gǎn xìngqu	28-[6]
□ あの2足の靴	⇒ 那两双鞋 nà liǎng shuāng xié	18-[3]
□ あの通りを過ぎる	⇒ 走过那条街 zǒuguo nèi tiáo jiē	68-[7]
□ あの人／その人	⇒ 那个人 nèige rén	18-[1]
□ 歩いて～分	⇒ 走几分钟 zǒu jǐ fēnzhōng	27-[3]
□ 歩いて行く	⇒ 走着去 zǒuzhe qù	46-[1]
□ あれっぽっちのお金	⇒ 那么点儿钱 nàme diǎnr qián	20-[8]
□ 合わせて～だ	⇒ 一共 ～ yígòng	25-[3]
□ 合わせていくらですか	⇒ 一共多少钱 yígòng duōshao qián	34-[8]

🎧 Audio ▶ 77　　　　　　【い】

□ いい加減な人	⇒ 马马虎虎的人 mǎ ma hū hū de rén	32-[8]
□ いい人	⇒ 好人 hǎo rén	19-[1]

☐ 1 着の服	⇒ 一件衣服 yí jiàn yīfu	13-⑥
☐ 1 通の手紙	⇒ 一封信 yì fēng xìn	16-⑥
☐ 1 匹の犬	⇒ 一条狗 yì tiáo gǒu	14-⑧
☐ 1 本の傘	⇒ 一把伞 yì bǎ sǎn	16-⑧
☐ 1 本のハサミ	⇒ 一把剪刀 yì bǎ jiǎndāo	16-⑦
☐ 一本の道	⇒ 一条路 yì tiáo lù	14-⑦
☐ 犬を飼う	⇒ 养狗 yǎng gǒu	14-⑧
☐ 居眠りをする	⇒ 打瞌睡 dǎ kēshuì	65-⑧
☐ 居眠りしている学生を起こす	⇒ 叫醒打瞌睡的学生 jiàoxǐng dǎ kēshuì de xuésheng	65-⑧
☐ イメージチェンジする	⇒ 改变印象 gǎibiàn yìnxiàng	66-③
☐ 飲食禁止	⇒ 不能吃东西 bù néng chī dōngxi	37-⑤
☐ 飲食をする	⇒ 吃东西 chī dōngxi	37-⑤

【う】

☐ ウォーミングアップをする	⇒ 热身 rèshēn	58- ⑧
☐ 訴えられる	⇒ 被告上法庭 bèi gàoshang fǎtíng	71- ⑤
☐ 腕がある	⇒ 有本事 yǒu běnshi	61- ③
☐ うとうとする	⇒ 打盹儿 dǎ dǔnr	54- ⑧
☐ 浮気する	⇒ 搞婚外恋 gǎo hūnwàiliàn	55- ④
☐ 運転技術	⇒ 开汽车的技术 kāi qìchē de jìshù	21- ⑤

【え】

☐ 英語が話せる	⇒ 会说英语 huì shuō Yīngyǔ	37- ⑥
☐ 英語で話す	⇒ 用英语说 yòng Yīngyǔ shuō	30- ⑧
☐ 駅から 500 メートル	⇒ 离车站有五百米 lí chēzhàn yǒu wǔbǎi mǐ	27- ⑤

🎧 Audio ▶ 80　　　　　【お】

☐ おいしい料理 ⇒ **好吃的菜** 19-⑤
hǎochī de cài

☐ 多くの人 ⇒ **很多人** 19-⑦
hěn duō rén

☐ 大声で話す ⇒ **大声说话** 49-⑧
dàshēng shuōhuà

☐ 大ざっぱ ⇒ **粗心大意** 61-⑤
cū xīn dà yì

☐ お金で解決する ⇒ **花钱来解决** 46-⑧
huā qián lái jiějué

☐ お体の具合はどうですか ⇒ **身体怎么样** 33-③
shēntǐ zěnmeyàng

☐ お客さんがいる ⇒ **有客人** 16-⑤
yǒu kèren

☐ 恐らく遅れるかもしれない ⇒ **恐怕会晚点** 40-⑤
kǒngpà huì wǎndiǎn

☐ お疲れ様 ⇒ **辛苦了** 37-③
xīnkǔ le

☐ お手数をおかけします ⇒ **麻烦您** 16-⑧
máfan nín

☐ 落し物 ⇒ **丢失的东西** 67-⑧
diūshī de dōngxi

☐ おとなしくしろ ⇒ **老实点儿** 41-②
lǎoshi diǎnr

☐ 大人になる／大きくなる ⇒ **长大** 66-⑤
zhǎngdà

🎧 Audio ▶ 81　　　【か】

□ 学校に行く	⇒ 去学校 qù xuéxiào	22-①
□ かつて〜したことがある	⇒ 曾经 V 过 céngjīng guo	55-②
□ 髪を短く切る	⇒ 剪短头发 jiǎnduǎn tóufa	66-③
□ 体の調子がいい	⇒ 身体好 shēntǐ hǎo	9-④
□ 彼と会う	⇒ 跟他见面 gēn tā jiànmiàn	55-①
□ 彼に教えてもらう	⇒ 向他请教 xiàng tā qǐngjiào	30-⑥
□ 彼に話しておく	⇒ 跟他说好 gēn tā shuōhǎo	28-⑤
□ 彼に話す	⇒ 跟他说 gēn tā shuō	28-①
□ 彼に連絡をとる	⇒ 跟他联系 gēn tā liánxì	29-⑤
□ 革靴を履く	⇒ 穿皮鞋 chuān píxié	53-⑧
□ 考え事をする	⇒ 思考问题 sīkǎo wèntí	54-④

🎧 Audio ▶ 82　　　【き】

□ 聞いてみる	⇒ 听听 tīngting	15-③

🎧 Audio ▶ 83

【く】

□ 苦しい言い訳 ⇒ 没有说服力的辩解 51-⑧
méiyǒu shuōfúlì de biànjiě

🎧 Audio ▶ 84 【け】

□ 携帯電話をかける ⇒ 打手机 54-③
dǎ shǒujī

□ 結果が出る ⇒ 结果出来 30-①
jiéguǒ chūlai

□ 元気がある ⇒ 有精神 61-⑧
yǒu jīngshen

□ 元気を出す ⇒ 打起精神 71-③
dǎqi jīngshen

□ 健康的だ ⇒ 有利于健康 59-③
yǒulìyú jiànkāng

□ 健康に気を付ける ⇒ 注意健康 69-⑥
zhùyì jiànkāng

□ 減少傾向にある ⇒ 有减少的趋势 31-⑧
yǒu jiǎnshǎo de qūshì

🎧 Audio ▶ 85 【こ】

□ こういう人材 ⇒ 这样的人才 20-②
zhèiyang de réncái

□ こういう人／こんな人 ⇒ 这样的人 20-①
zhèiyang de rén

□ この程度の	⇒ 这么点儿 zhème diǎnr	42- 8
□ この方面では	⇒ 关于这个方面 guānyú zhèige fāngmiàn	31- 3
□ この本	⇒ 这本书 zhèi běn shū	18- 2
□ この道	⇒ 这条路 zhèi tiáo lù	18- 5
□ この道を行く	⇒ 走这条路 zǒu zhèi tiáo lù	18- 5
□ この様子では	⇒ 看样子 kàn yàngzi	40- 4
□ ご飯を食べる	⇒ 吃饭 chī fàn	2- 2
□ 5枚の切手	⇒ 五张邮票 wǔ zhāng yóupiào	14- 2
□ ゴミを捨てる	⇒ 扔垃圾 rēng lājī	41- 6
□ ご容赦ください	⇒ 请大家见谅 qǐng dàjiā jiànliàng	70- 2
□ これまで～したことがない	⇒ 从来没 (有) V 过 cónglái méi(you)　guo	55- 3
□ こんな高いもの	⇒ 这么贵的东西 zhème guì de dōngxi	32- 5
□ こんなにおいしい料理	⇒ 这么好吃的菜 zhème hǎochī de cài	19- 5

🎧 Audio ▶ 86　　【さ】

☐ サービス残業	⇒ 免费加班 miǎnfèi jiābān	71-⑤
☐ 先に失礼する	⇒ 先走 xiān zǒu	8-②
☐ サッカーをする	⇒ 踢足球 tī zúqiú	2-⑦
☐ 3カ月間休みになる	⇒ 放三个月(的)假 fàng sān ge yuè(de) jià	45-④
☐ 3冊の辞書	⇒ 三本词典 sān běn cídiǎn	13-⑤
☐ 賛成の人	⇒ 赞成的人 zànchéng de rén	21-②
☐ 3台の自転車	⇒ 三辆自行车 sān liàng zìxíngchē	15-②
☐ 3台の机	⇒ 三张桌子 sān zhāng zhuōzi	14-③
☐ サンダルを履く	⇒ 穿凉鞋 chuān liángxié	53-⑧
☐ 3匹の猫	⇒ 三只猫 sān zhī māo	16-①

🎧 Audio ▶ 87　　【し】

☐ 試合が終わる	⇒ 比赛结束 bǐsài jiéshù	57-②

202

□ 試合が始まる	⇒	比赛开始 bǐsài kāishǐ	22-②
□ 試合に負ける	⇒	在比赛时输了 zài bǐsài shí shūle	69-⑧
□ 私語をする	⇒	随便聊天儿 suíbiàn liáotiānr	69-③
□ 静かにしろ	⇒	安静点儿 ānjìng diǎnr	58-③
□ しっかり議論する	⇒	认真讨论 rènzhēn tǎolùn	42-⑦
□ 失敗を通して	⇒	通过失败 tōngguò shībài	31-⑤
□ 質問する	⇒	问问题 wèn wèntí	36-⑥
□ 自転車から転げ落ちる	⇒	从自行车上摔下来 cóng zìxíngchēshang shuāixialai	74-⑥
□ 自転車で行く	⇒	骑自行车去 qí zìxíngchē qù	46-③
□ しばらく待つ	⇒	等半天 děng bàntiān	45-⑥
□ 私物を持ち込む	⇒	带进个人的东西来 dàijin gèrén de dōngxi lái	75-①
□ じゃあ、そうしましょう	⇒	那就这样吧 nà jiù zhèiyàng ba	49-④
□ 社員にサービス残業を迫る	⇒	逼职工免费加班 bī zhígōng miǎnfèi jiābān	71-⑤
□ 写真を撮る	⇒	照相 zhàoxiàng	14-①

□ シャワーを浴びる	⇒ 洗淋浴 xǐ línyù	51-⑤
□ 11時15分	⇒ 十一点十五分/一刻 shíyī diǎn shíwǔ fēn　yíkè	7-③
□ 18歳	⇒ 十八岁 shíbā suì	7-⑤
□ 十分です	⇒ 够了 gòu le	57-⑤
□ 10本のタバコ	⇒ 十枝烟 shí zhī yān	14-⑤
□ 授業がある	⇒ 有课 yǒu kè	14-⑥
□ 10着のワイシャツ	⇒ 十件衬衫 shí jiàn chènshān	13-⑦
□ 常識がない	⇒ 缺乏常识 quēfá chángshí	40-⑧
□ 食堂でご飯を食べる	⇒ 在食堂吃饭 zài shítáng chīfàn	26-①
□ 食欲がない	⇒ 没有胃口 méiyou wèikou	50-②
□ 書類が届いていない	⇒ 文件没寄来 wénjiàn méi jìlai	73-⑦
□ 白いブラウスを着る	⇒ 穿白衬衫 chuān bái chènshān	19-②
□ 信じられない	⇒ 不敢相信 bù gǎn xiāngxìn	42-②
□ 身長はどれくらいですか	⇒ 有多高 yǒu duō gāo	35-⑥

| □ 信用できない | ⇒ 信不过 xìnbuguò | 32-8 |
| □ 信頼するに値する | ⇒ 值得信赖 zhíde xìnlài | 55-5 |

🎧 Audio ▶ 88 　　　【す】

□ スーパーに買い物に行く	⇒ 去超市买东西 qù chāoshì mǎi dōngxi	47-8
□ すぐそこにあります	⇒ 就在那儿 jiù zài nàr	6-7
□ すぐに戻る	⇒ 马上就回来 mǎshàng jiù huílái	65-3
□ 少し高い	⇒ 有点儿贵 yǒudiǎnr guì	1-6
□ ずっとよい	⇒ 好得多 hǎode duō	59-5
□ ストレッチをする	⇒ 做伸展运动 zuò shēnzhǎn yùndòng	56-4
□ スピーチコンテスト	⇒ 演讲比赛 yǎnjiǎng bǐsài	24-2
□ スピーチコンテストに参加する	⇒ 参加演讲比赛 cānjiā yǎnjiǎng bǐsài	24-2
□ 座ってみると心地いい	⇒ 坐着挺舒服 zuòzhe tǐng shūfu	63-4

【せ】

☐ 1000円	⇒ 一千块日元　34- 8 Yìqiān kuài Rìyuán
☐ 千円札	⇒ 一千日元纸钞 68- 6 yìqiān Rìyuán zhǐchāo
☐ 先生にあいさつをする	⇒ 跟老师打招呼 52- 8 gēn lǎoshī dǎ zhāohu

【そ】

☐ 外で遊ぶ	⇒ 在外边玩儿　26- 2 zài wàibian wánr
☐ そのようにする	⇒ 这么办　32- 1 zhème bàn
☐ そばを通り過ぎる	⇒ 从身边走过去 26- 5 cóng shēnbiān zǒuguoqu
☐ そろそろです	⇒ 差不多了　49- 3 chàbuduō le
☐ そんな考え	⇒ 这样的想法　20- 6 zhèiyàng de xiǎngfa

【た】

☐ 待遇を改善する	⇒ 改善待遇　31- 6 gǎishàn dàiyù

□ 大丈夫ですか	⇒ 没事儿吧 méi shìr ba	8-6
□ タイムカードを打つ	⇒ 刷计时卡 shuā jìshíkǎ	51-3
□ 高いの	⇒ 贵的 guì de	19-8
□ 他人のおせっかいを焼く	⇒ 管别人的闲事 guǎn biéren de xiánshì	42-4
□ タバコを吸う	⇒ 抽烟 chōu yān	14-5
□ 食べ物	⇒ 吃的 chī de	48-2
□ 誰がやったの	⇒ 是谁干的？ shì shéi gàn de?	21-7
□ 誰にも言わない	⇒ 不跟别人说 bù gēn biéren shuō	49-2
□ 誰の腕時計	⇒ 谁的手表 shéi de shǒubiǎo	12-4
□ 誰の財布	⇒ 谁的钱包 shéi de qiánbāo	11-3

🎧 Audio ▶ 92　　【ち】

□ チェックアウトする	⇒ 办退房手续 bàn tuìfáng shǒuxù	56-6
□ 力が強い	⇒ 力气大 lìqi dà	64-3

🎧 Audio ▶ 93 　　【つ】

🎧 Audio ▶ 94 　　【て】

🎧 Audio ▶ 95 【と】

□ とても静かだ	⇒ 挺安静的 tǐng ānjìng de	6-⑧
□ とても真面目な学生	⇒ 很认真的学生 hěn rènzhēn de xuésheng	19-④
□ 取り上げる価値がない	⇒ 不值一提 bù zhí yì tí	42-⑧
□ どれくらいの距離ですか	⇒ （有）多远 (yǒu) duō yuǎn	35-⑧
□ どれが欲しいですか	⇒ 你要哪个？ nǐ yào něige?	11-⑤
□ どんな人ですか	⇒ 怎么样的人 zěnmeyàng de rén	35-①

🎧 Audio ▸ 96 【な】

□ 中へ進む	⇒ 往里走 wǎng lǐ zǒu	30-④
□ 夏休みになる	⇒ 放暑假 fàng shǔjià	45-④
□ 7足の靴下	⇒ 七双袜子 qī shuāng wàzi	17-①
□ 何忙しくしているの	⇒ 忙什么 máng shénme	58-②
□ ～かもしれない	⇒ 可能会～ kěnéng huì	40-④
□ ～してくれませんか	⇒ 可以～吗? kěyǐ　　ma?	16-⑧

211

🎧 Audio ▶ 97　　　【に】

☐ 肉をあまり食べない　⇒ **少吃肉**　70-⑦
shǎo chī ròu

☐ 2 膳の箸　⇒ **两双筷子**　17-⑥
liǎng shuāng kuàizi

☐ 2 台のテレビ　⇒ **两台电视机**　15-⑦
liǎng tái diànshìjī

☐ 日本語が分かる　⇒ **懂日语**　30-⑧
dǒng Rìyǔ

☐ 日本に旅行しにくる　⇒ **来日本旅游**　47-⑥
lái Rìběn lǚyóu

☐ 日本料理を食べる　⇒ **吃日本菜／料理**11-②
chī Rìběn cài/liàolǐ

☐ ニューヨークから帰ってくる　⇒ **从纽约回来**　26-④
cóng niǔyuē huílai

🎧 Audio ▶ 98　　　【ね】

☐ 猫を飼う　⇒ **养猫**　16-①
yǎng māo

☐ 熱がひく　⇒ **烧退了**　61-④
shāo tuìle

☐ ネットショッピング　⇒ **网上购买**　35-④
wǎngshang gòumǎi

☐ 年々　⇒ **一年比一年**　60-⑧
yìnián bǐ yìnián

【の】

☐ ノーコメント	⇒ 无可奉告 wú kě fènggào	31-④
☐ ノートパソコン	⇒ 笔记本电脑 bǐjìběn diànnǎo	60-①
☐ 望みがない	⇒ 没有希望 méiyou xīwàng	43-⑧
☐ 乗り過ごす	⇒ 坐过站 zuòguo zhàn	54-⑧

【は】

☐ 走り回る	⇒ 乱跑 luàn pǎo	41-②
☐ 8月17日	⇒ 8月17号 bā yuè shíqī hào	7-④
☐ はっきり説明する	⇒ 说清楚 shuōqīngchu	28-②
☐ バドミントンをする	⇒ 打羽毛球 dǎ yǔmáoqiú	10-⑤
☐ 早く行きな	⇒ 还不快走 hái bu kuài zǒu	57-⑦
☐ 腹を下す	⇒ 拉肚子 lā dùzi	51-①
☐ バレーボールをする	⇒ 打排球 dǎ páiqiú	10-⑤

50 音順フレーズトレーニング

□ 反応を意外に感じる	⇒ 对反应感到意外 31-②
	duì fǎnyìng gǎndào yìwài
□ パンを食べる	⇒ 吃面包　　　11-①
	chī miànbāo

🎧 Audio ▸ 101　　　【ひ】

□ ピアスをする	⇒ 戴耳环　　　53-②
	dài ěrhuán
□ ビールを2本ください	⇒ 我要两瓶啤酒 17-⑤
	wǒ yào liǎng píng píjiǔ
□ 飛行機で大阪に戻る	⇒ 飞回大阪去　74-④
	fēihui Dàbǎn qù
□ 人手が足りている	⇒ 人手够了　　38-⑦
	rénshǒu gòule
□ 一人で行く	⇒ 一个人去　　42-①
	yí ge rén qù
□ 日に日に	⇒ 一天比一天　60-⑦
	yìtiān bǐ yìtiān
□ 豹のようにすばしこい	⇒ 像豹子那样敏捷 63-⑤
	xiàng bàozi nèiyàng mǐnjié
□ 日を改めよう	⇒ 改天再谈吧　22-⑧
	gǎitiān zài tán ba

□ 部屋を掃除する	⇒ 打扫房间 dǎsǎo fángjiān	50-③
□ ペンを持っている	⇒ 有笔 yǒu bǐ	9-⑧

🎧 Audio ▶ 104　　【ほ】

□ ボールペンで書く	⇒ 用圆珠笔写 yòng yuánzhūbǐ xiě	30-⑦
□ ほどほどにする	⇒ 适可而止 shì kě ér zhǐ	52-⑤
□ ほら	⇒ 你看 nǐ kàn	6-⑤
□ ぽろぽろ涙が出る	⇒ 流出几滴眼泪来 liúchu jǐ dī yǎnlèi lái	75-②
□ 本だらけだ	⇒ 都是书 dōu shì shū	23-⑧
□ 本当にばかだ	⇒ 真傻 zhēn shǎ	1-⑦
□ 本当のことを言う	⇒ 说真话 shuō zhēnhuà	38-⑧

🎧 Audio ▶ 105　　【ま】

□ まず〜してから…する	⇒ 先〜再… xiān　zài	56-⑥

□ 松坂牛のステーキ	⇒ 松坂牛排 Sōngbǎn niúpái	55- 8
□ まっすぐ行く	⇒ 一直走 yìzhí zǒu	30- 3

🎧 Audio ▸ 106 【み】

□ 右へ曲がる	⇒ 往右拐 wǎng yòu guǎi	30- 3
□ 見つける；見つかる	⇒ 找到 zhǎodào	67- 8
□ 皆が〜というわけではない	⇒ 不都是〜 bù dōu shì	3- 8
□ 皆〜ではない	⇒ 都不是〜 dōu bú shì	3- 7
□ 皆のために乾杯	⇒ 为大家而干杯 wèi dàjiā ér gānbēi	75- 5

🎧 Audio ▸ 107 【む】

□ 難しい問題	⇒ 很难的问题 hěn nán de wèntí	19- 6
□ 無理強いはしないよ	⇒ 不勉强了 bù miǎnqiǎng le	32- 3
□ 無理な要求	⇒ 不合理的要求 bù hélǐ de yāoqiú	32- 7

☐ 無力さを感じる　⇒ **感到无力**　31-⑤
gǎndào wúlì

🎧 Audio ▸ 108　**【め】**

☐ メールで通知する　⇒ **发电子邮件通知** 46-⑤
fā diànzǐ yóujiàn tōngzhī

☐ メールを送る　⇒ **发电子邮件**　13-③
fā diànzǐ yóujiàn

☐ メタボになる　⇒ **患代谢综合症** 70-⑦
huàn dàixiè zōnghézhèng

☐ 面接結果　⇒ **面试结果**　46-⑤
miànshì jiéguǒ

🎧 Audio ▸ 109　**【も】**

☐ もういい　⇒ **算了**　41-①
suàn le

☐ もう一度言ってください　⇒ **请再说一遍**　44-②
qǐng zài shuō yí biàn

☐ もう少しいいもの　⇒ **再好一点儿的** 56-⑧
zài hǎo yìdiǎnr de

☐ もう少しゆっくりする　⇒ **再坐一会儿**　57-③
zài zuò yíhuìr

☐ もう 10 時だ　⇒ **都十点了**　57-⑧
dōu shí diǎn le

🎧 Audio ▶ 110 　　【や】

🎧 Audio ▶ 111 　　【ゆ】

🎧 Audio ▶ 112 　　　【よ】

□ 用事がある　　　　　　　⇒ **有事**　　　　13-⑧
　　　　　　　　　　　　　　　 yǒu shì

□ ヨーロッパ旅行に行く　　⇒ **去欧洲旅行**　39-④
　　　　　　　　　　　　　　　 qù Ōuzhōu lǚxíng

□ よく相談する　　　　　　⇒ **好好儿商量商量** 28-③
　　　　　　　　　　　　　　　 hǎohāor shāngliang shāngliang

🎧 Audio ▶ 113 　　　【ら】

□ 来客中　　　　　　　　　⇒ **来客人**　　　74-①
　　　　　　　　　　　　　　　 lái kèren

□ 落書きをする　　　　　　⇒ **乱涂乱写**　　51-⑦
　　　　　　　　　　　　　　　 luàn tú luàn xiě

🎧 Audio ▶ 114 　　　【り】

□ 理想が高い　　　　　　　⇒ **要求高**　　　42-⑥
　　　　　　　　　　　　　　　 yāoqiú gāo

□ 理由を言う　　　　　　　⇒ **说理由**　　　33-⑧
　　　　　　　　　　　　　　　 shuō lǐyóu

□ 両親によろしく伝える　　⇒ **向父母问好**　30-⑤
　　　　　　　　　　　　　　　 xiàng fùmǔ wènhǎo

□ 旅行で訪れる　　　　　　⇒ **来旅游**　　　47-⑥
　　　　　　　　　　　　　　　 lái lǚyóu

【れ】

☐ 冷凍庫に入れる
⇒ 放进冷冻箱里　68-⑤
fàngjin lěngdòngxiāngli

☐ 連絡がない
⇒ 没有联系　　45-⑥
méiyou liánxì

【ろ】

☐ 廊下で騒ぐ
⇒ 在走廊里吵　41-④
zài zǒulángli chǎo

☐ 6時から始まる
⇒ 从六点开始　26-⑥
cóng liù diǎn kāishǐ

☐ 6時に起きる
⇒ 六点起床　　22-④
liù diǎn qǐchuáng

☐ ロビーに集合する
⇒ 到大厅集合　56-⑥
dào dàtīng jíhé

【わ】

☐ 分かりました
⇒ 好的　　　　49-④
hǎo de

☐ 忘れ物をする
⇒ 落东西　　　68-④
là dōngxi

☐ 私が作った料理
⇒ 我做的菜　　21-⑥
wǒ zuò de cài

□ 私といっしょに来る	⇒	**跟我一起来** gēn wǒ yìqǐ lái	29-①
□ 私と彼	⇒	**我和他** wǒ hé tā	29-⑦
□ 私に嘘をつく	⇒	**对我撒谎** duì wǒ sā huǎng	55-⑤
□ 私にダイエットを勧める	⇒	**建议我减肥** jiànyì wǒ jiǎnféi	70-⑥
□ 私に冷たい	⇒	**对我冷淡** duì wǒ lěngdàn	28-⑦
□ 私に笑いかける	⇒	**对我笑笑** duì wǒ xiàoxiao	28-④
□ 私の2倍だ	⇒	**比我多一倍** bǐ wǒ duō yíbèi	60-③
□ 私の方に歩み寄る	⇒	**向我走过来** xiàng wǒ zǒuguolai	74-⑧
□ 私の本	⇒	**我的书** wǒ de shū	12-①
□ 私より少し高い	⇒	**比我高一点儿** bǐ wǒ gāo yìdiǎnr	59-⑦
□ 私よりずっと多い	⇒	**比我多多了** bǐ wǒ duō duō le	59-⑥
□ 悪いことをする	⇒	**做坏事** zuò huàishì	38-③

ピンイン順

新出単語索引

※索引には、単語がどの課で出てきたのか分かる
　ように、初出の課・例文の番号を記しています。

【品詞】

名 …… 名詞　　　　**前** …… 前置詞　　　　**数** ……… 数詞

動 …… 動詞　　　　**接** …… 接続詞　　　　**助** ……… 助詞

形 …… 形容詞　　　**疑** …… 疑問詞　　　　**助動** …… 助動詞

副 …… 副詞　　　　**代** …… 代名詞　　　　**接頭** …… 接頭辞

量 …… 量詞　　　　**感** …… 感嘆詞

ピンイン順 新出単語索引

中国語 ピンイン 品詞 日本語　　課-例文

□別 bié 　　　**助動** …するな　8-⑦

□別人 biéren 　　**名** 他人　32-④

□冰激凌 bīngjīlíng **名** アイスクリーム

　　　　　　　　　　　　　　　　5-⑤

□冰箱 bīngxiāng **名** 冷蔵庫　5-⑤

□病人 bìngrén 　　**名** 患者;病人　70-⑦

□不错 búcuò 　　**形** すばらしい;

　　　　　　　　　　なかなかだ　18-②

□不但 búdàn 　　**接** …ばかりか　57-⑥

□不 bù 　　　　　**副** …でない;…しない

　　　　　　　　　　　　　　　　1-③

□不管 bù guǎn 　**動** 放っておく　20-⑤

□不景气 bù jǐngqì 　不景気である 21-③

□不然 bùrán 　　　**接** さもないと　41-⑤

□不如 bù rú 　　　　及ばない;

　　　　　　　　　　～ほどではない　1-⑦

□不许 bù xǔ 　　**助動** …してはいけない

　　　　　　　　　　　　　　　　41-⑧

□不值 bù zhí 　　　…する価値がない

　　　　　　　　　　　　　　　　42-⑧

□部长 bùzhǎng 　**名** 部長　4-②

C

□擦 cā 　　　　　**動** (消しゴムなどで)消す

　　　　　　　　　　　　　　　　51-⑦

□才 cái 　　　　　**副** …してこそ～ 33-②

　▼ "…才～"の形で用いられる

□财主 cáizhu 　　**名** 金持ち　15-⑤

□菜 cài 　　　　　**名** 料理　11-②

□参加 cānjiā 　　**名** 参加する　24-②

□餐厅 cāntīng 　　**名** レストラン　52-⑦

□操场 cāochǎng 　**名** グラウンド　58-⑧

□厕所 cèsuǒ 　　　**名** トイレ　4-④

□曾经 céngjīng 　**副** かつて　55-②

□插嘴 chāzuǐ 　　**動** 口を挟む　70-③

□茶 chá 　　　　　**名** 茶　9-⑥

□差不多 chàbuduō 　　　　　　62-②

　　　　　　　　　形 ほとんど同じだ

□差不多了 chàbuduō le そろそろだ

　　　　　　　　　　　　　　　　49-③

□产量 chǎnliàng **名** 生産量　60-⑤

□常识 chángshí 　**名** 常識　40-⑧

□唱 chàng 　　　　**動** 歌う　15-③

□超市 chāoshì 　　**名** スーパーマーケット

　　　　　　　　　　　　　　　　47-⑧

ピンイン順 新出単語索引

229

ピンイン順 新出単語索引

ピンイン順 新出単語索引

ピンイン順 新出単語索引

235

ピンイン順 新出単語索引

237

ピンイン順 新出単語索引

ピンイン順 新出単語索引

ピンイン順 新出単語索引

242

ピンイン順 新出単語索引

ピンイン順 新出単語索引

247

ピンイン順 新出単語索引

250

著者　**平山 邦彦** （ひらやま くにひこ）

1975 年生まれ。熊本県出身。1998 年 3 月東京外国語大学外国語学部中国語学科卒業。2000 年 3 月東京外国語大学大学院地域文化研究科博士前期課程修了。2000 年 9 月―2002 年 7 月 中国政府奨学金留学生（高級進修生）として北京大学へ留学。現在、拓殖大学外国語学部教授。NHK ラジオ「まいにち中国語」講師（2012 年 4-6 月、2013 年 10-12 月）。専門は、中国語学。

改訂新版 口を鍛える中国語作文
―語順習得メソッド― 初級編

2017 年 8 月 10 日	第 1 版第 1 刷発行
2020 年 11 月 20 日	改訂新版第 1 刷発行
2023 年 5 月 10 日	改訂新版第 3 刷発行

著者：平山 邦彦

中国語ナレーション：于 暁飛
装丁・本文デザイン：松本 田鶴子
カバー・本文イラスト：iStock.com/johnwoodcock

発行人：坂本由子
発行所：コスモピア株式会社
　　　　〒 151-0053　東京都渋谷区代々木 4-36-4　MC ビル 2F
営業部：TEL: 03-5302-8378 email: mas@cosmopier.com
編集部：TEL: 03-5302-8379 email: editorial@cosmopier.com

https://www.cosmopier.com/　［コスモピア・全般］
https://e-st.cosmopier.com/　［コスモピア e ステーション］
https://www.kids-ebc.com/　［子ども英語ブッククラブ］

印刷：シナノ印刷株式会社
音声編集：株式会社メディアスタイリスト

コスモピア

全国の書店で発売中

中級にステップアップするときの
最大の壁「補語」を完全克服！

増補改訂版
中国語文法
補語
完全マスター

中上級〜

著者：李軼倫（リ・イツリン）

A5 判230 ページ
音声ダウンロード＋電子版付き
定価2,200 円（税込）

中国語学習者にとっての2大難関は発音の「四声（声調）」と文法の補語。中級レベルにステップアップする際に必須となる「補語」の壁を本書で突破すれば、中国語の表現力は格段に向上します。「結果補語」「方向補語」「可能補語」「様態補語」「程度補語」「数量補語」の6つを整理して徹底マスターします。

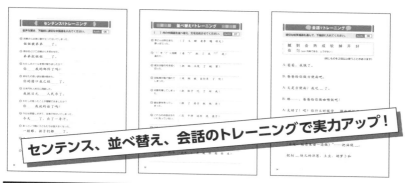

センテンス、並べ替え、会話のトレーニングで実力アップ！

直接のご注文は ➡ https://www.cosmopier.net/